D1746605

WILDTIERE IN AFRIKA

KARL MÜLLER VERLAG

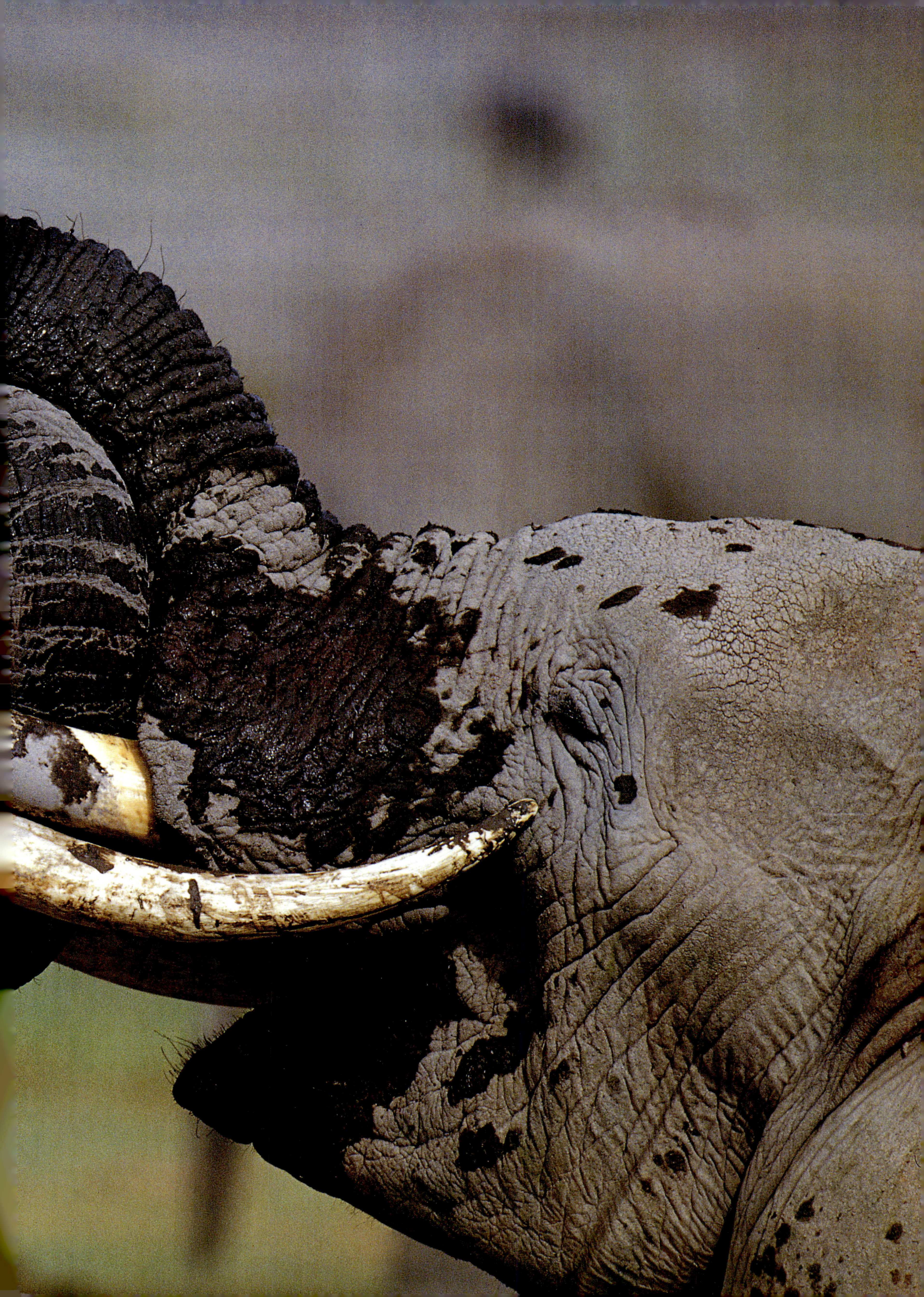

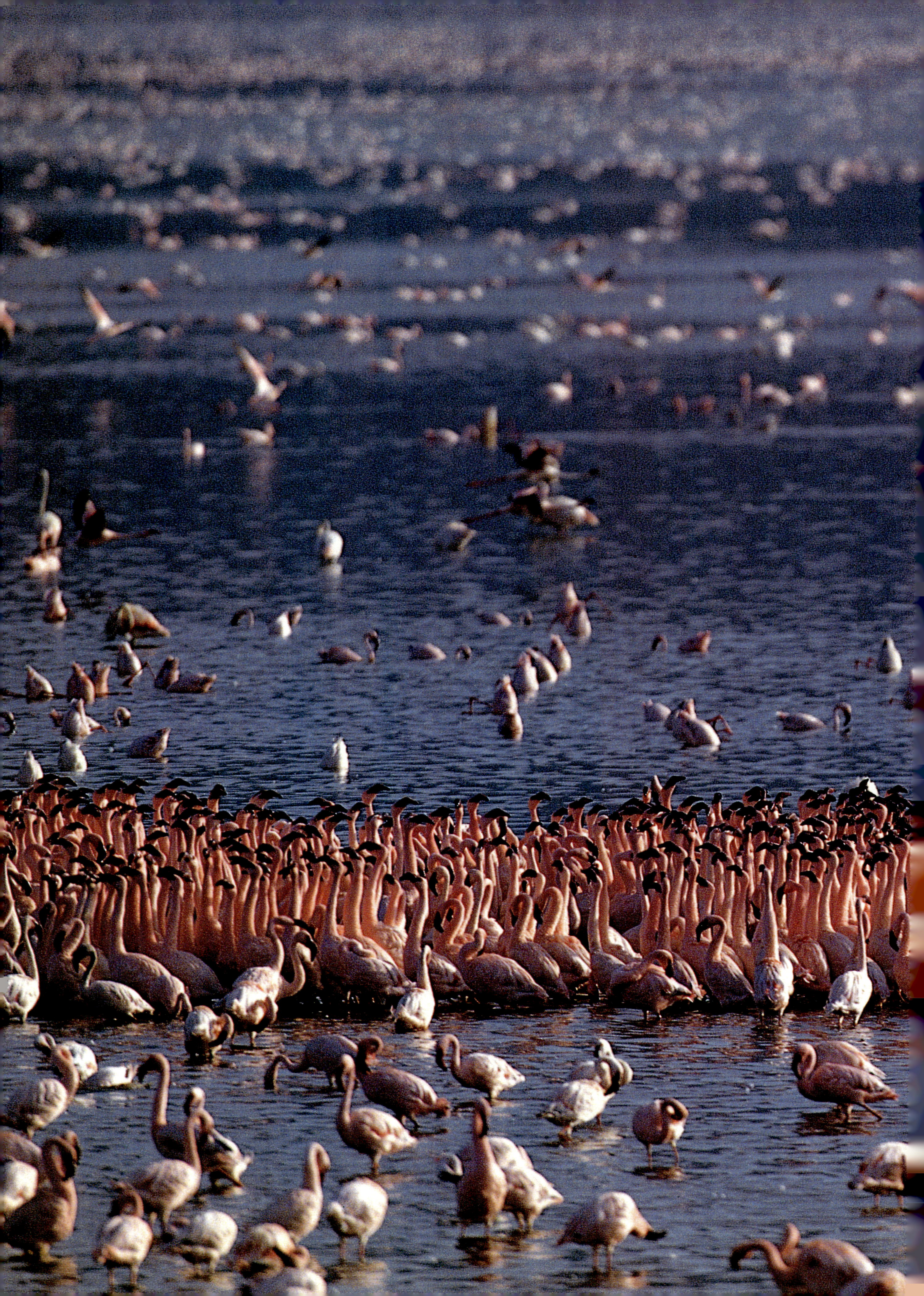

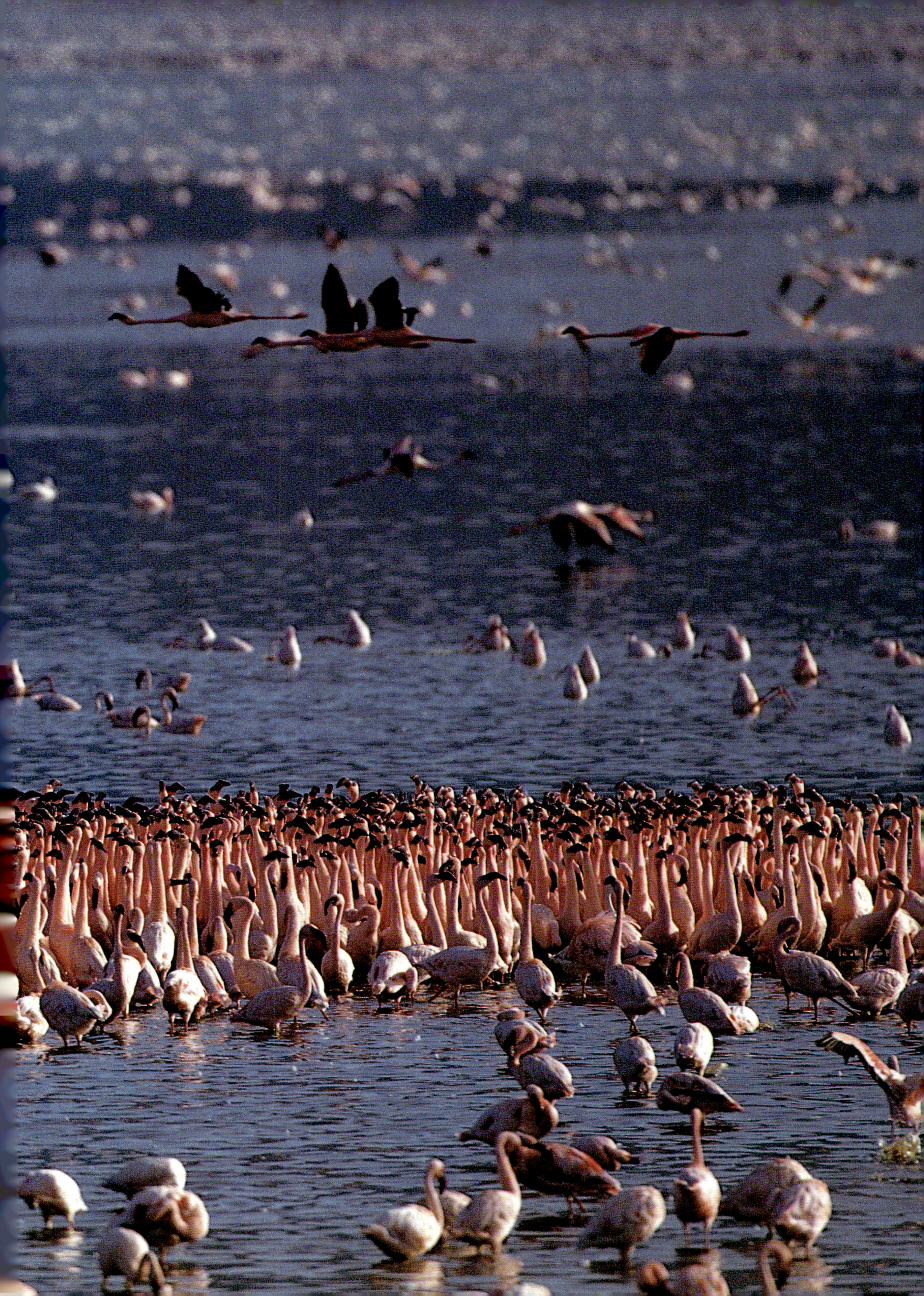

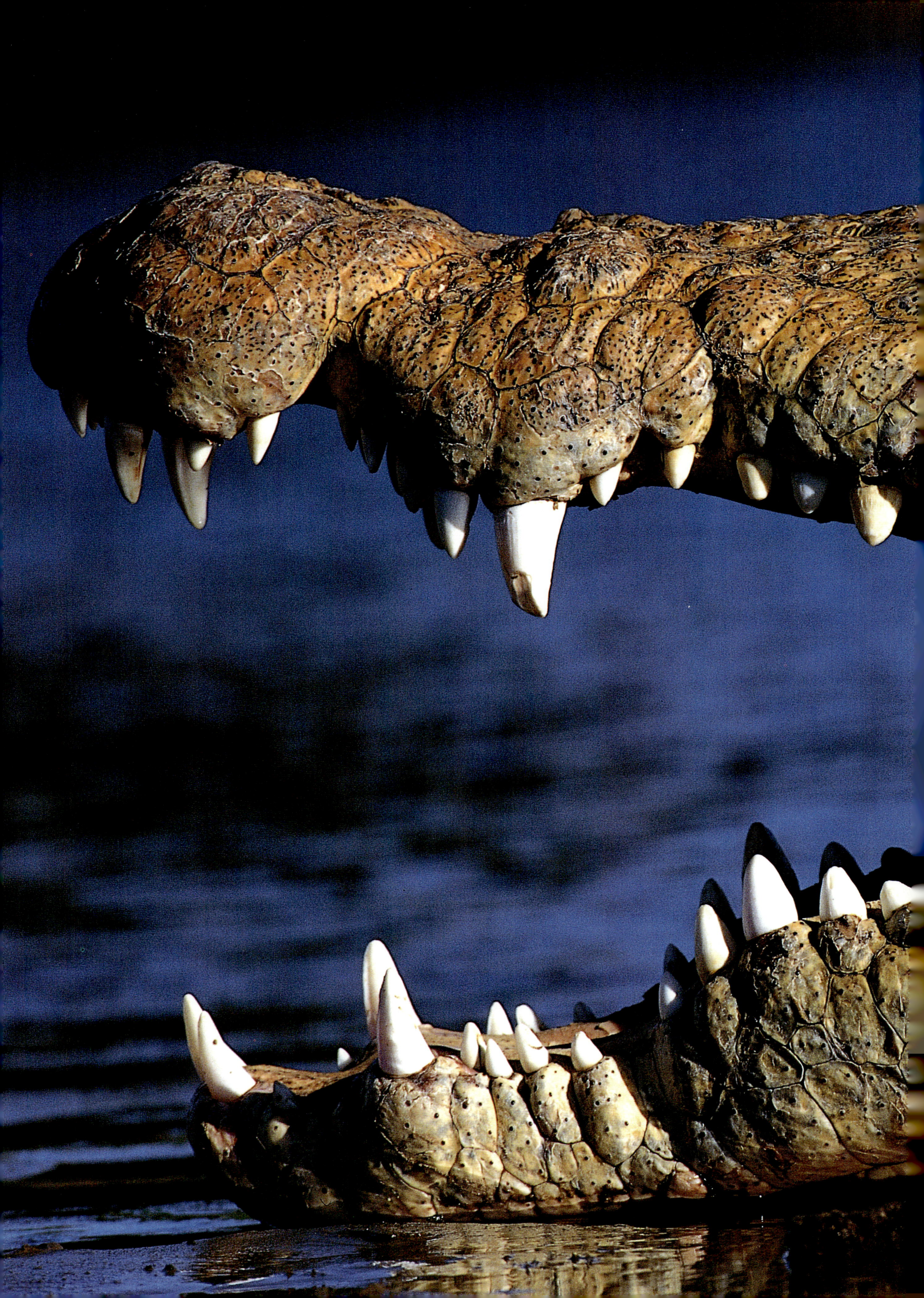

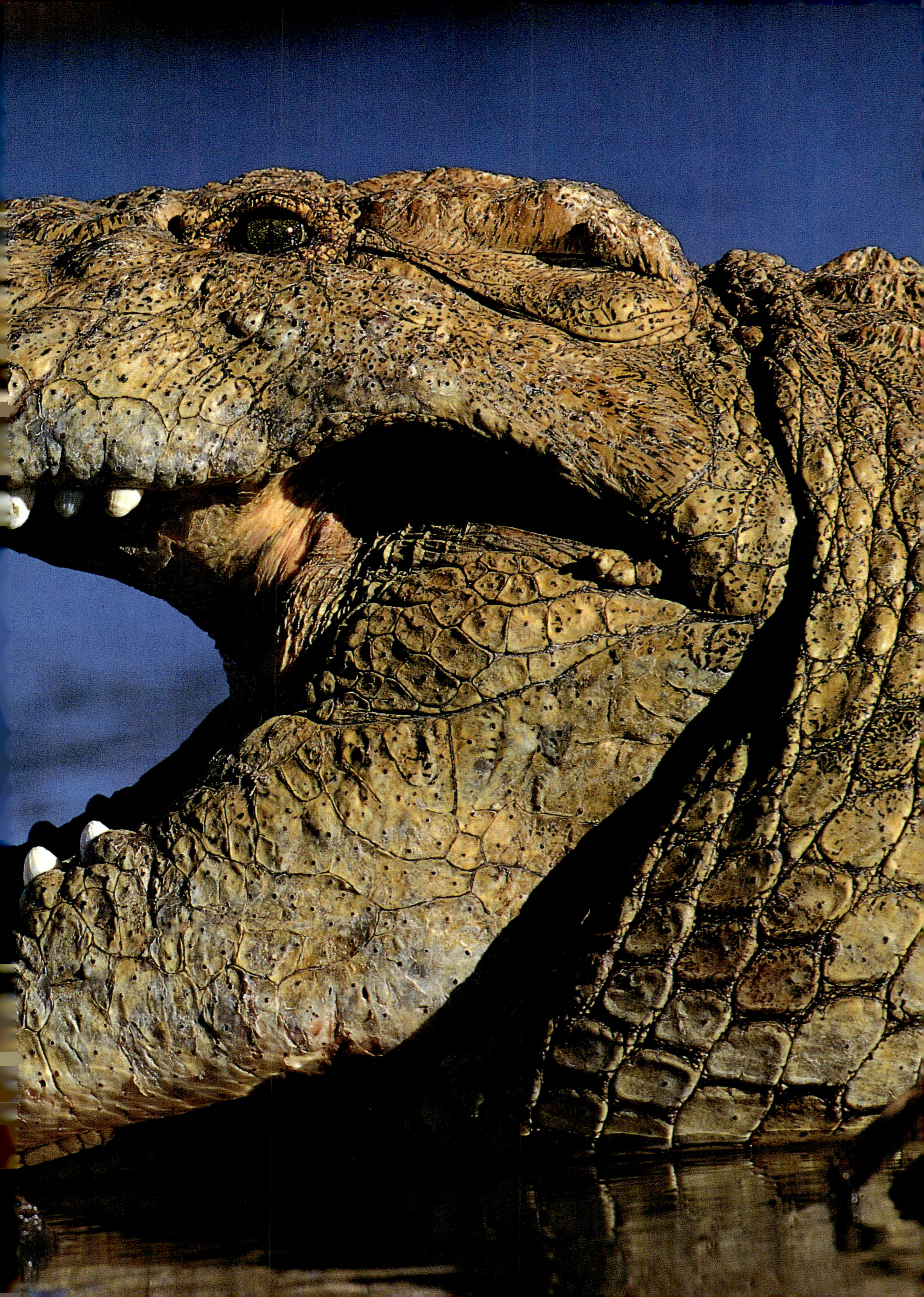

Texte und Fotos:
Michel und Christine Denis-Huot

Herausgeber:
Valeria Manferto De Fabianis

Layout:
Anna Galliani

Einleitung	Seite 12
Wildporträts	Seite 30
Die Kinderstube	Seite 66
Wasser, Quelle des Lebens	Seite 96
Ernährungskünstler	Seite 114

©1996 White Star, via Candido Sassone 22/24, 13100 Vercelli, Italien.
© der deutschsprachigen Ausgabe:
Karl Müller Verlag, Danziger Str. 6, D-91052 Erlangen, 1997.

Alle Rechte vorbehalten.
Kein Teil des Werkes darf in irgendeiner Form (durch Fotokopie, Mikrofilm oder ein ähnliches Verfahren) ohne die schriftliche Genehmigung des Verlages reproduziert oder unter Verwendung elektronischer Systeme verarbeitet werden.

Übersetzung aus dem Französischen: Christine Melzer
Lektorat: Susanne Kattenbeck

ISBN 3-86070-645-4

1 2 3 4 5   01 00 99 98 97

1 Die höchste Zahl Löwen pro Quadratkilometer findet man zwischen Juni und Oktober im Masai-Mara-Wildreservat in Kenia. Dann kommen zu den sesshaften Rudeln die Nomaden aus dem benachbarten Serengeti-Nationalpark, die der Wanderung der Grasfresser gefolgt sind. Dafür sind die Großkatzen aus dem Amboseli Wildschutzgebiet praktisch verschwunden. Sie wurden von den Massai ausgerottet.

2-3 Im Allgemeinen sind die Gefechte zwischen Elefanten der Savanne freundschaftlicher Art. Zuerst berühren sich die beiden Kämpfer gegenseitig mit den Rüsseln, bevor sie sich ineinanderschlingen. Dann platzieren sie sich Kopf an Kopf, Stoßzahn an Stoßzahn und schieben sich Kräfte messend vor und zurück. Der Lärm dabei ist gewaltig. Manchmal finden auch echte, sehr brutale Kämpfe statt. Sie sind mit dem Besitz eines Weibchens verbunden und dauern manchmal über acht Stunden.

4-5 Diese männlichen Zwergflamingos sind auf Brautschau. Einige Männchen haben sich um ein paarungsbereites Weibchen versammelt; ihnen folgten mehrere Hundert oder Tausend andere Flamingos, die mit erhobenem Kopf immer enger stehen und sich alle gleichzeitig in dieselbe Richtung bewegen.

6-7 Das Nilkrokodil ist eines der größten derzeit lebenden Reptilien. Die ältesten Exemplare erreichen eine Länge von bis zu 8 Metern. Heute sind Krokodile, die länger als 4,5 Meter sind, selten geworden. Man findet sie an den Ufern der Flüsse Mara in Kenia oder Grumeti in Tansania.

8-9 Die Zukunft der Geparden ist ungewiss. In Afrika gibt es noch fünf- bis fünfzehntausend, davon tausend in Kenia, und diese Zahl nimmt stetig ab. Der Fellhandel hat dazu entscheidend beigetragen. Durch die Einengung seines Lebensraumes und die Verfolgung seitens der Züchter und Farmer ist er außerdem noch bedroht. Nicht immer kann er sich gut in den Reservaten halten; die Konkurrenz mit anderen Beutejägern, wie dem Löwen, ist zu groß. Zudem stört ihn der Tourismus empfindlich.

10-11 Die Jagd kostet den Geparden so viel Energie, dass er vor dem Fressen mindestens eine Viertelstunde ausruhen muss und sogar länger, wenn er in der Mittagshitze gejagt hat. Anschließend verschlingt er die Beute schnell, ständig auf dem Sprung, denn er kann sie gegen andere Beutejäger, wie Hyänen, Paviane, Löwen oder Schakale nicht verteidigen.

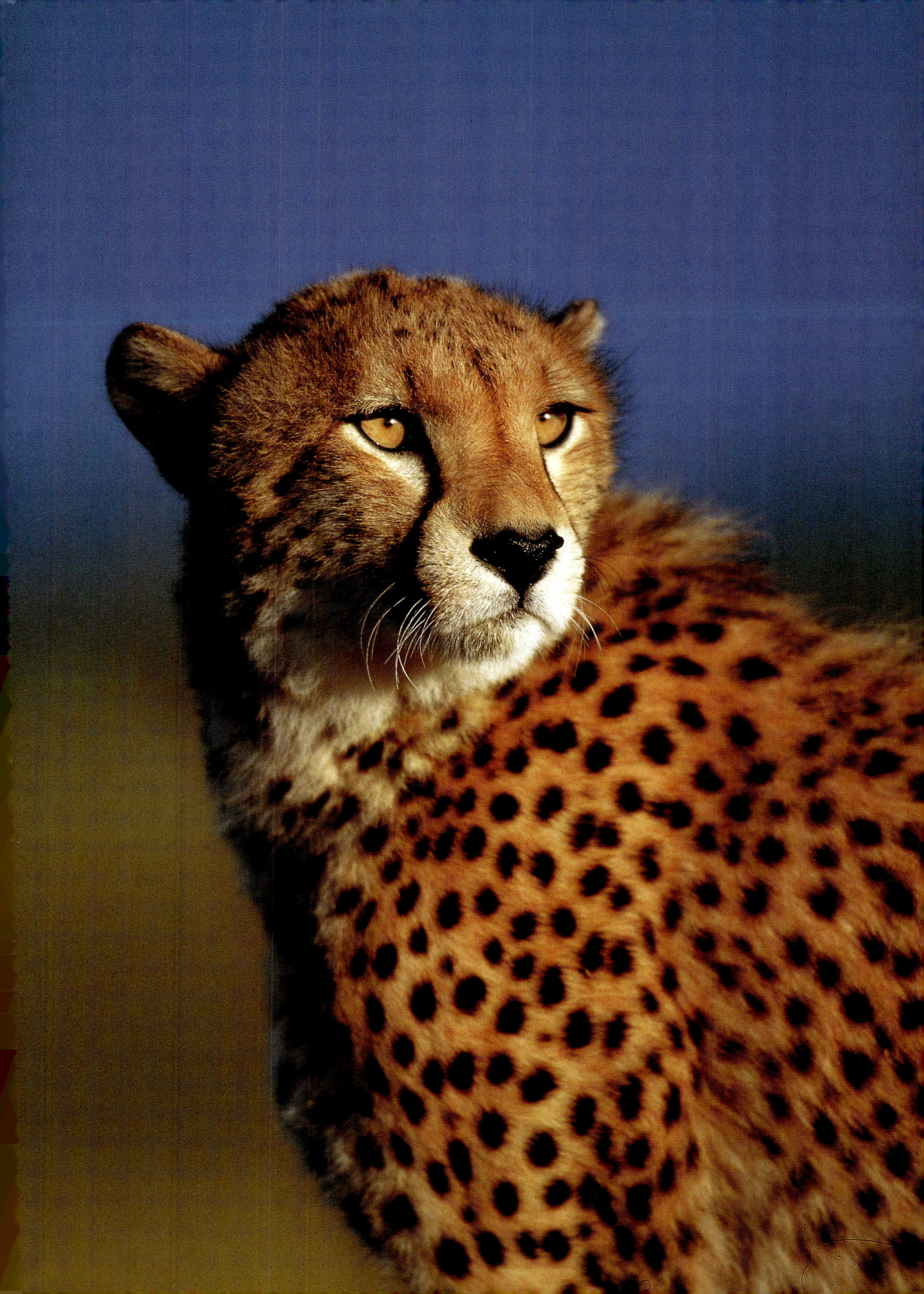

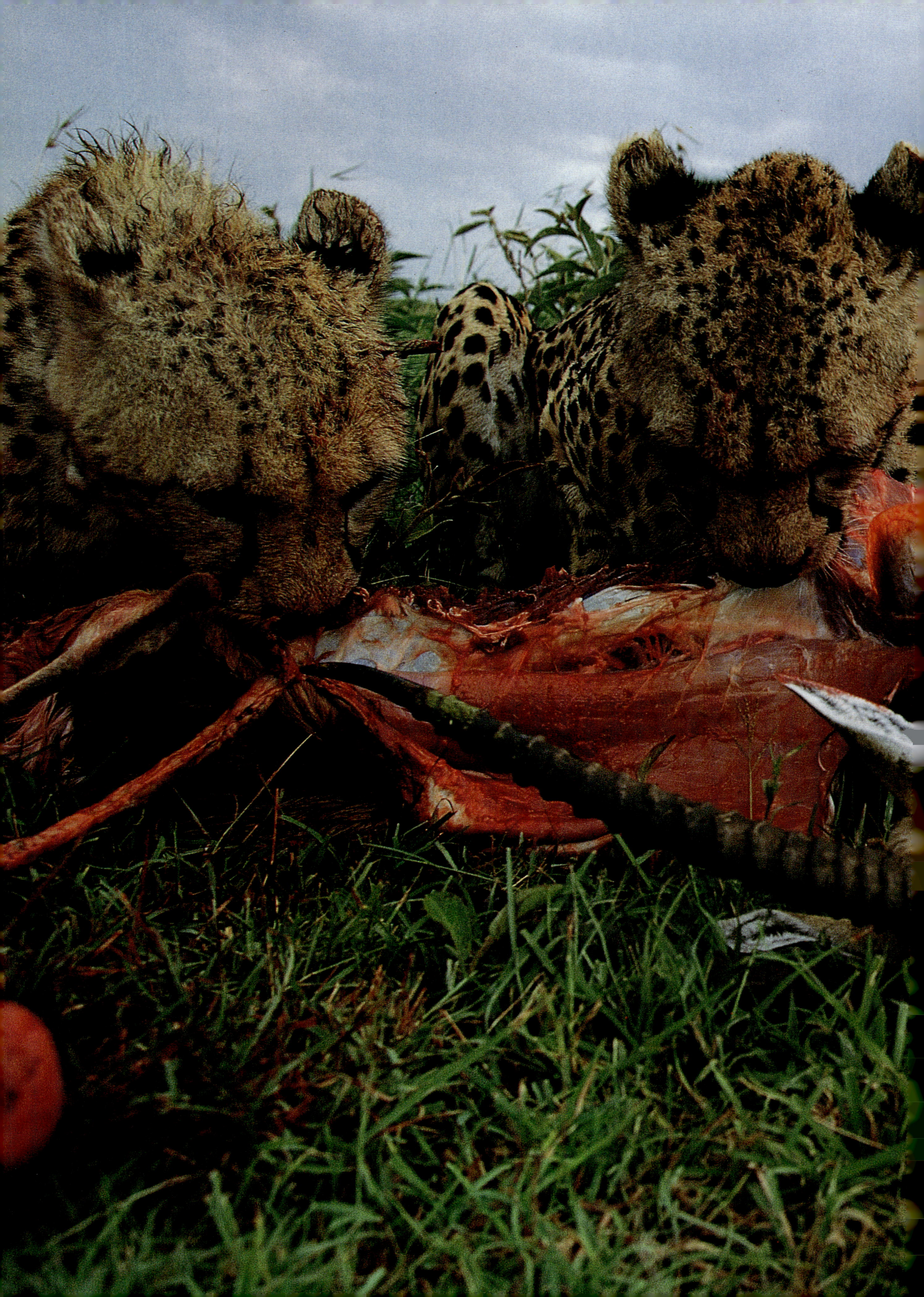

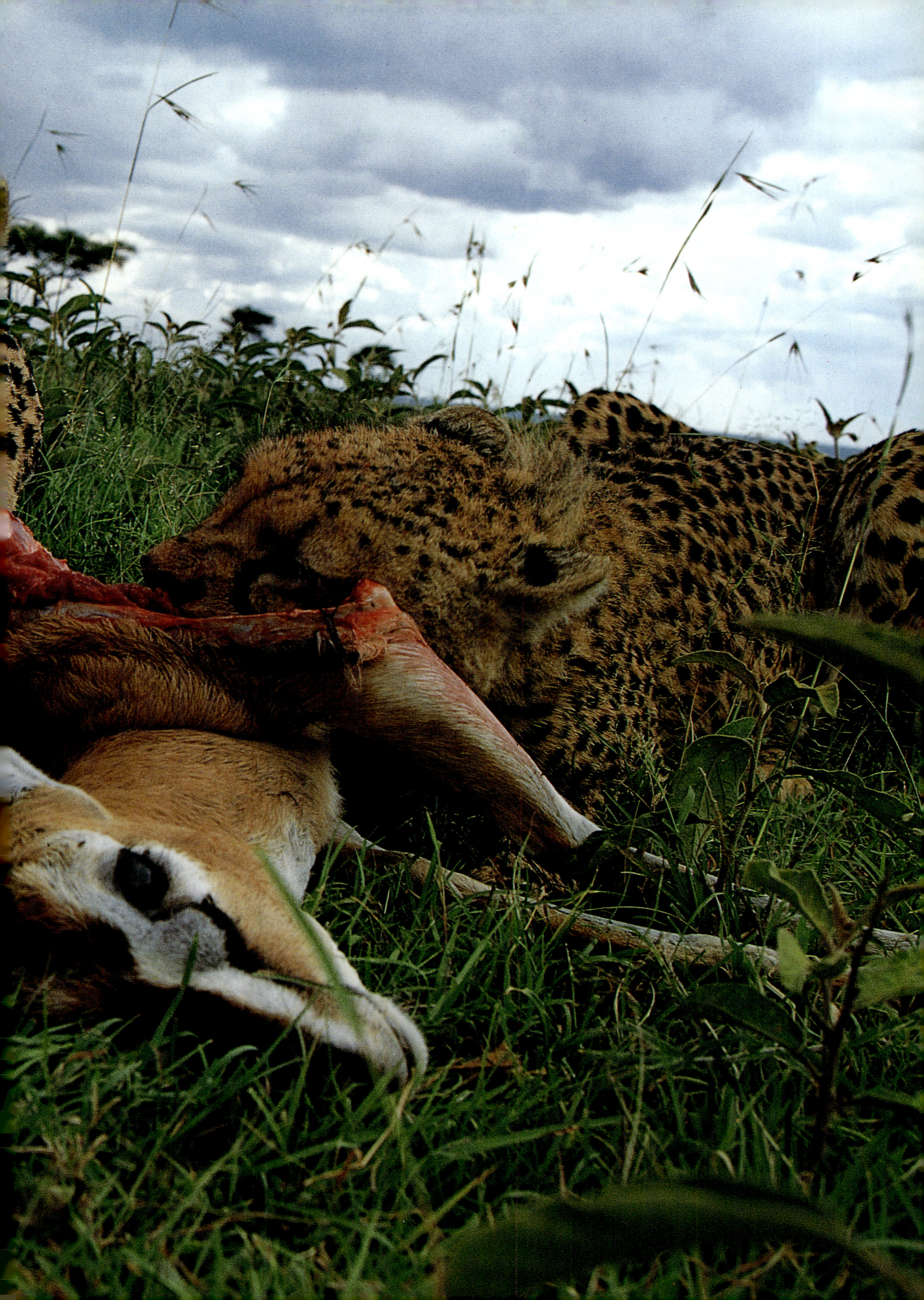

EINLEITUNG

Ostafrika besitzt die wildreichste Savanne der Welt und eine sehr vielfältige Landschaft: Vulkane unter einer ewigen Schneekrone, Sodaseen und Heißwasserquellen, Tropenwaldausläufer auf den Berghängen, Mangroven, Korallenstrände mit weißem Sand, fruchtbare und besiedelte Hochplateaus und trockene, praktisch unbewohnte Tiefebenen. Die Trennungslinie bildet der riesige Einbruchgraben, das Rift-Valley-System, der sich von Libanon bis Mosambik erstreckt, als Folge der phantastischen geologischen Vorgänge, die vor ca. 30 Millionen Jahren in dieser Gegend eingesetzt haben. Gewaltige unterirdische Kräfte ließen heißes Material geringer Dichte unter die Erdkruste hochsteigen. Dadurch entstand eine Wölbung: die Hochplateaus im Osten. Diese zerbrachen, die Erdkrustenblöcke kippten ab und das Zentrum senkte sich. Das Rift hatte sich gebildet und Magma konnte an die Erdoberfläche treten. Diese Zone ist immer noch geologisch aktiv und einem Prozess des Auseinanderdriftens unterworfen, sodass sich in einigen zehn Millionen Jahren im Rift-Valley ein Ozean bilden könnte.

Die Hochplateaus und Vulkane sind wie ein Hindernis, das die Wolken nur schwer überwinden können. Deshalb ist der Osten des Rift allmählich ausgetrocknet, während sich im Westen ein tropisches, warmes und feuchtes Klima gehalten hat. Die Vegetation im Osten hat sich also verändert: Auf den höher gelegenen Teilen entwickelte sich, dank der relativ starken Feuchtigkeit, eine häufig von Bäumen wie der Schirmakazie durchsetzte Grassteppe. Hier sind zahllose Grasfresser zu Hause, ebenso wie große Raubtiere, die sich von ihnen ernähren wie Löwen, Geparde, Hyänen ...

Auf den niedrigeren Teilen, die wärmer und trockener sind, findet man die Dornstrauchsavanne oder die Baumsteppe. Sie besteht aus einem Dickicht spitzdorniger Zwergakazien, aus denen vereinzelt größere Bäume herausragen, meist Affenbrotbäume oder große Akazien. Mitten in dieser Vegetation erheben sich die ockerfarbenen, braunen oder rötlichen Termitenhügel. Im Gegensatz zur Savanne ist dieses Biotop für den Menschen so unwirtlich, dass er es „Nyika" nennt, was soviel bedeutet wie wild und ausgestorben. Vögel gibt es dort reichlich, manche Säugetiere jedoch halten sich ungern darin auf, anderen wiederum, wie der Impala, der Giraffengazelle, dem Dikdik, der Giraffe, dem Spitzmaulnashorn und dem Leoparden gefällt es dort gut. Diese zwei Vegetationsformen – Savanne und Dornstrauchsavanne – sind auch die Heimat von Hirtenvölkern wie die Massai, die Samburu und die Turkana.

In der Savanne herrscht tropisches Klima mit einem deutlichen Wechsel zwischen Trocken- und Regenzeit. Bäume und Sträucher zeigen ein charakteristisches Erscheinungsbild: Die Wurzeln der Akazien sind tief im Boden und radial angeordnet, um möglichst viel Feuchtigkeit aufzunehmen. Eine dicke und undurchlässige Rinde schützt vor Verdunstung. Akazien und verschiedene Dorngewächse sind fähig, Wasser zu sparen; Affenbrotbaum und Wolfsmilchgewächse dagegen können große Mengen in ihrem Stamm oder in den Stengeln speichern.

Im Lauf der Evolution haben sich die Bäume mehr und mehr gestreckt und brachten so einen Teil ihres Blattwerks außer Reichweite von hungrigen Tieren. Daher kommt zum Beispiel die typische Schirmform mancher Akazien. Auch Dornen entwickelten sich zum Schutz vor Blattfressern, aber sie sind wirkungslos gegen die Zunge der Giraffe oder des Spitzmaulnashorns. Um den Schutz vor Tieren zu verbessern, haben bestimmte Akazien andere Verteidigungsmöglichkeiten entwickelt. So bringt die Pfeifenbuschakazie an der Basis ihrer Stachel Ausstülpungen hervor. Diese Hohlkugeln sind von Ameisen bewohnt, die sich von den Ausscheidungen des Baumes ernähren. Wenn der Baum von einem Tier berührt wird, dann kommen hunderte von Ameisen aus ihrem Unterschlupf und stürzen sich mit abstoßender Wirkung auf den Angreifer. Andere Akazien setzen flüchtige Stoffe frei, wenn sie von An-

13 Der Elefant kommt regelmäßig in die Salinen, um Erde zu fressen, weil er schlecht verdaut und unter Magenschmerzen leidet. Die Pflanzenmenge, die er verschlingt, enthält soviel Kalium, dass er sich fast damit vergiften könnte. Indem er große Mengen Erde frisst, versorgt er sich auch mit dem für den Aufbau seiner Stoßzähne notwendigen Eisen, Magnesium und Kalzium.

14-15 Der afrikanische Büffel ist ein Tier mit unberechenbarem Verhalten. Seine Angriffe sind sehr gefährlich. Einzelgänger sind umso aggressiver, als es meist alte Männchen sind, die von der Herde verjagt wurden. Die mächtigen Hörner, gefragte Jagdtrophäen, sind wirkungsvolle Waffen gegen Raubtiere.

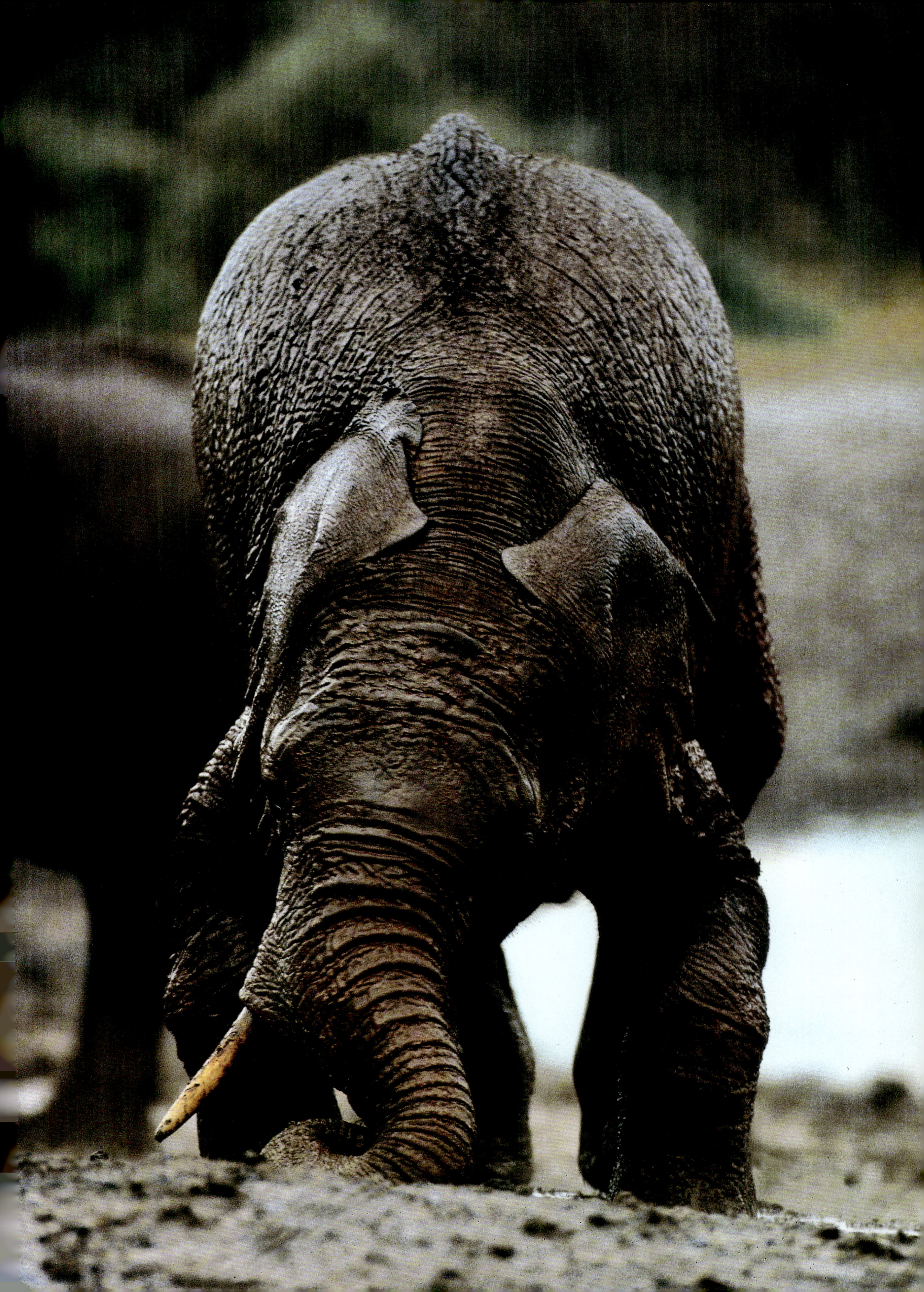

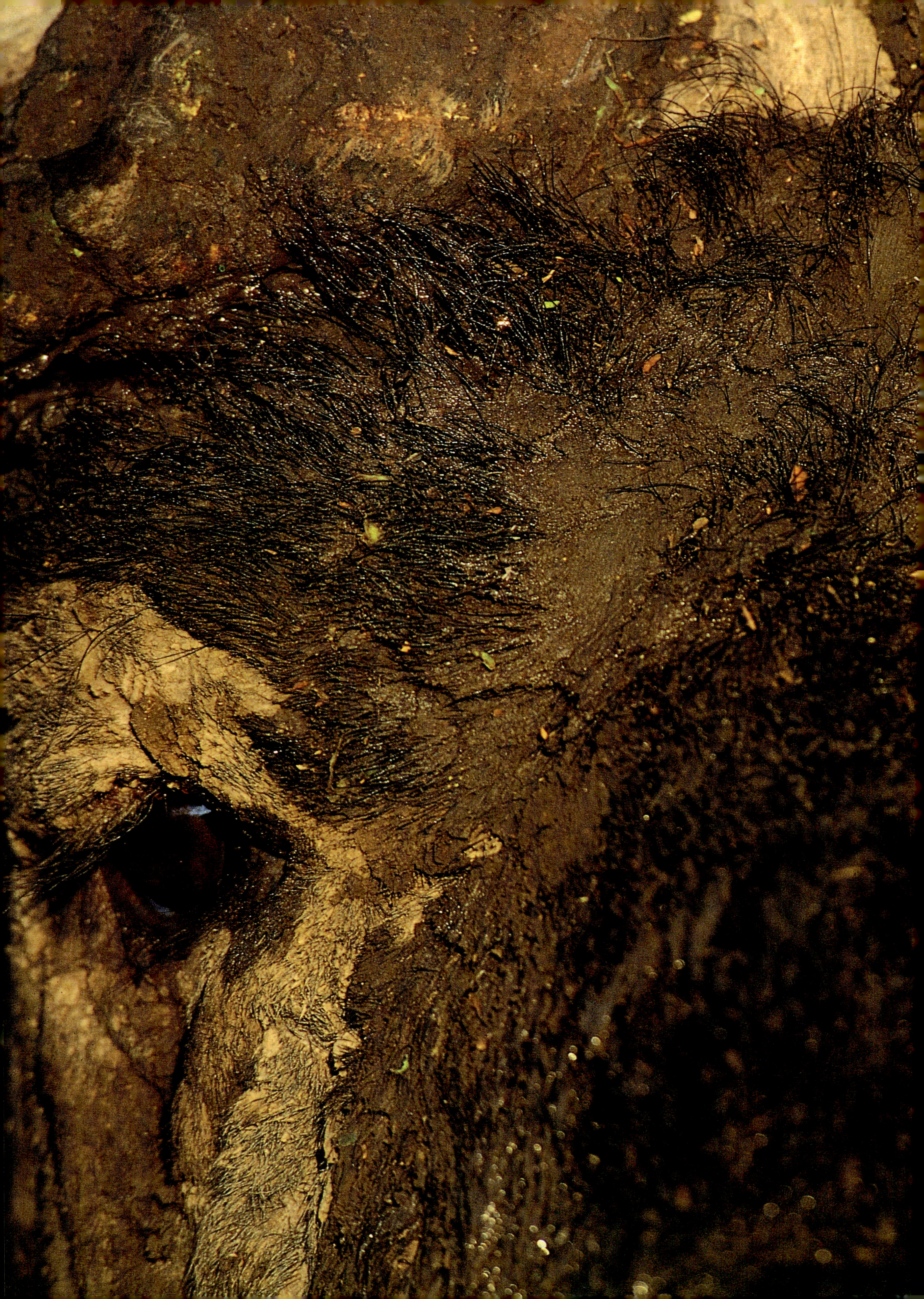

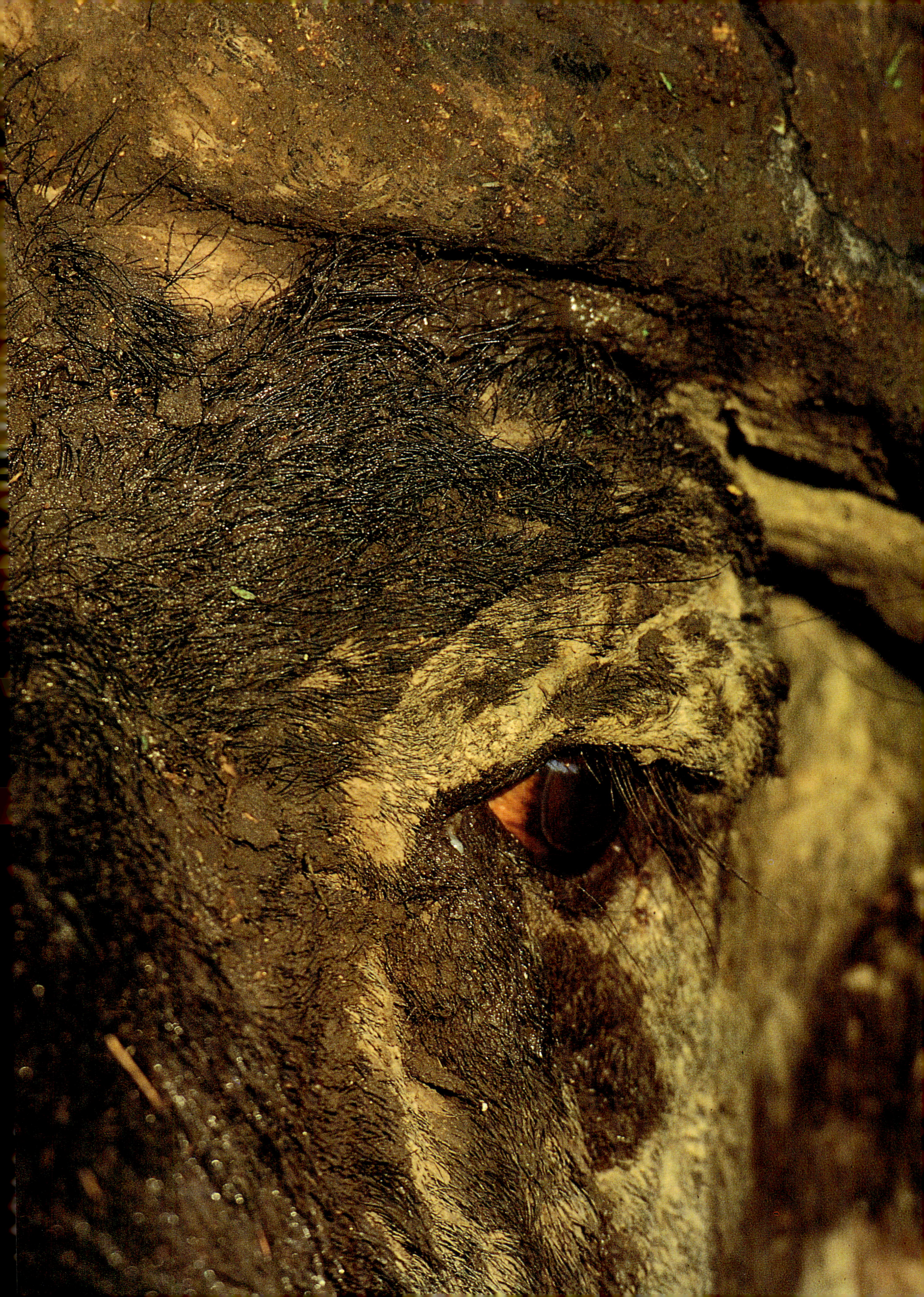

16-17 *Der Löwe wirkt majestätisch. Wohl wegen seiner Mähne, seiner stolzen Kopfhaltung und seinem Gebrüll. Die Mähne wächst beim jungen Männchen ab dem zweiten Lebensjahr. Ihre Farbe ist je nach Gegend sehr unterschiedlich, von blassgelb bis zu dunkelbraun.*

tilopen abgegrast werden. Dadurch wird aus der Entfernung bei Bäumen gleicher Art die vermehrte Produktion von Gerbstoffen angeregt, was sie für den Verzehr ungeeignet macht. Ein wirksamer Schutz vor den Zähnen der Grasfresser!
Parallel zur Evolution der Pflanzen haben sich auch die Tiere angepasst. So ist der Hals der Giraffen länger geworden und erlaubt es ihnen, konkurrenzlos eine Fresshöhe um die fünf Meter zu erreichen. Die Antilopen mussten das Problem der erhöhten Temperatur und des Wassermangels bewältigen. Diejenigen, die in Wüstenregionen leben, wie die Gazellen oder die Oryx kühlen sich, indem sie die Atmungsfrequenz erhöhen und nicht durch Transpiration. Tatsächlich sind Tiere, die sich wie der Büffel durch Transpiration kühlen nicht in der Lage, ihren Wasserverlust einzuschränken. Ihr Lebensraum ist deshalb auf Feuchtsavannen oder auf Gegenden, in denen Wasser zur Verfügung steht beschränkt. Gazellen fangen erst an, zu hecheln, wenn ihre Körpertemperatur 43 °C überschreitet, während viele Tiere Temperaturen über 40 °C nicht mehr aushalten können. Doch selbst bei ihnen darf die Temperatur des Gehirns 41–42 °C nicht überschreiten, sonst besteht die Gefahr irreparabler Schäden. Das warme Blut, das zum Gehirn gelangt, muss also abgekühlt werden. Dafür teilen sich die Hauptschlagadern an der Schädelbasis in hunderte kleiner Blutgefäße, die sich wiederum vereinigen, nachdem sie einen venösen Hohlraum durchquert haben, in dem das Blut durch Verdunstungskühlung über die Nasenschleimhäute um 3 bis 6 Grad abgekühlt wird. Abkühlung ist deshalb so wichtig, weil Tiere schnell ins Hecheln geraten.
Ein weiteres Anpassungsbeispiel ist das Zebra. Alle Wildformen der Zehengänger stammen von denselben nordamerikanischen Vorfahren ab, aber nur die Exemplare in Afrika tragen Streifen. Bei jedem Tier ist das Streifenmuster anders, doch die Unterscheidung ist nicht der einzige Sinn. Tatsächlich sind die Zebras die einzigen großen Säugetiere, die von der durch die Tse-Tse-Fliege übertra-

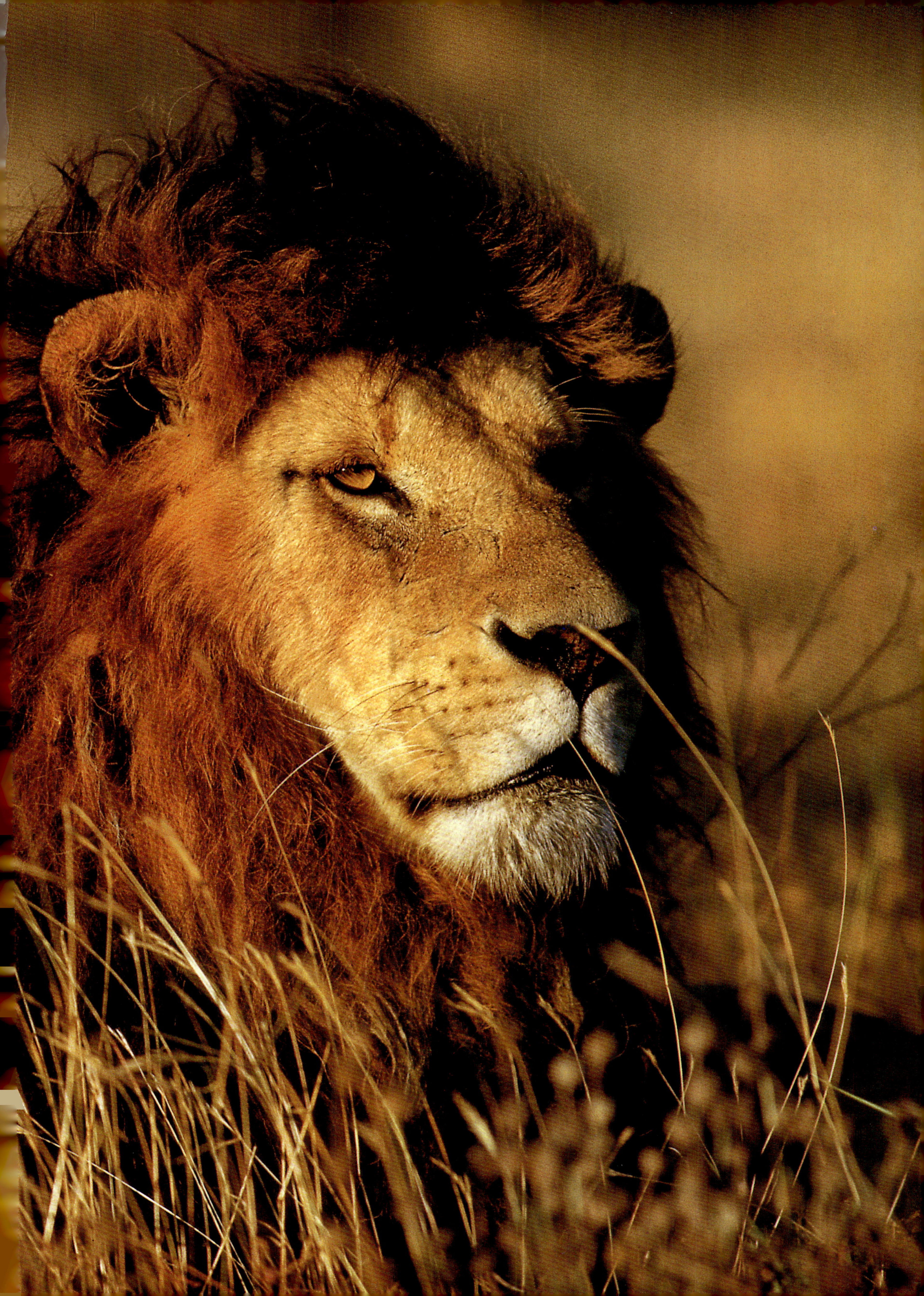

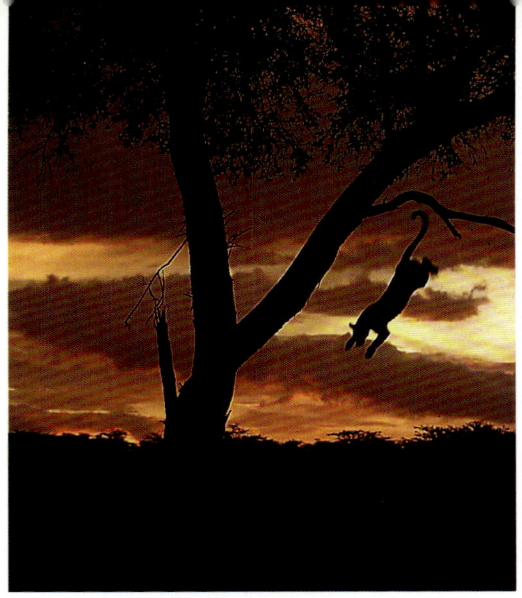

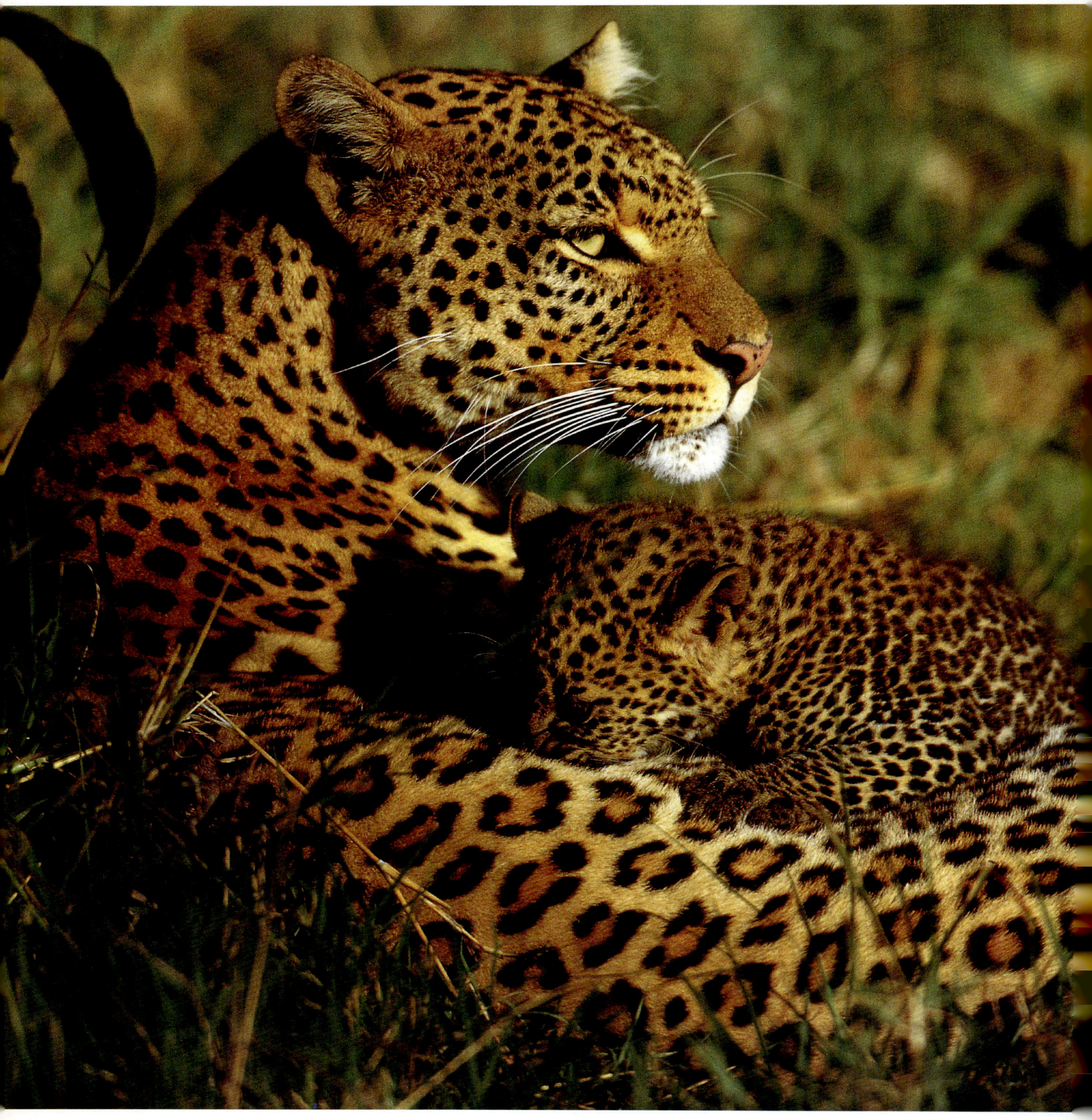

genen Schlafkrankheit verschont bleiben. Ihre Verwandten, die Pferde, dagegen sind davon stark betroffen. Versuche haben gezeigt, dass die Tse-Tse-Fliege, die sich visuell orientiert, nicht durch den Wechsel von schwarzen und weißen Streifen angezogen wird.

Die anderen Säuger der Savanne sind deshalb nicht gestreift, weil sie sich in Millionen Jahren durch Evolution gegen diese Insekten immunisiert haben. Die Zehengänger trafen erst viel später auf dem afrikanischen Kontinent ein und hatten keine Zeit, sich anzupassen. Die Sterblichkeitsrate in den Herden muss damals um die 90 % gewesen sein. Um zu überleben mussten sie also eine Lösung finden – Tarnung durch Streifen!

Heute existiert außerhalb der Reservate und Nationalparks praktisch keine Großwildfauna mehr. Als die ersten Europäer nach Afrika kamen, hielten sie den Reichtum der Savanne für grenzenlos, weil sie so zahlreiche Tiere nährte. Im 19. Jahrhundert betrieben die Araber Handel mit Sklaven, mit Elefantenstoßzähnen, Rhinozeroshörnern und -häuten. Sie richteten grausame Blutbäder unter den Wildtieren an, und am Ende des Jahrhunderts war die Fauna ernsthaft bedroht. Ein Großteil dieser Gegend geriet unter deutsche oder englische Verwaltung. Die skandalträchtige Auslöschung der Fauna durch die Siedler in Südafrika und Nordamerika im Hinterkopf, trafen deutsche und englische Verwaltungsbeamte Maßnahmen zur Rettung der Tierwelt. Diese Maßnahmen reichten jedoch nicht aus, um Schmuggler und Großwildjäger aus Amerika und Europa von ihrem Zerstörungswerk abzuhalten. Auch die große Rinderpest von 1890 hinterließ ihre Spuren. Nutztierherden waren schwer betroffen und viele Hirten mussten ihre Weiden aufgeben. Weite Gebiete wurden zu Niemandsland und durch die Tse-Tse-Fliege überschwemmt. Auch die Wildfauna litt: Innerhalb von zwei Jahren wurden 95 % der Gnus und Büffel dezimiert und die Löwen wurden zu Menschenfressern. Die wilden Tiere nahmen diese Tse-Tse-Zonen

18 oben *Der Leopard bricht bei Dämmerung zur Nahrungssuche auf. Diese Wildkatze besitzt eine erstaunliche Anpassungsfähigkeit: Man begegnet ihr im tropischen Regenwald, in der Wüste, in niedrigen Sumpfgebieten, aber auch auf über 4000 Metern Höhe.*

18-19 *Die kleinen Leoparden suchen sich nach der Geburt eine Zitze, die sie mit ihrem Duft markieren. Auf diese Weise finden sie sie schneller und Streitigkeiten, bei denen ihre Mutter gekratzt werden könnte, bleiben aus.*

20-21 *Das Nilpferd verbringt die meiste Zeit im Wasser, doch seltsamerweise frisst es nur wenige, der dort reichlich vorkommenden Wasserpflanzen. Es wartet die Nacht ab, um an Land zu gehen und Gras zu fressen.*

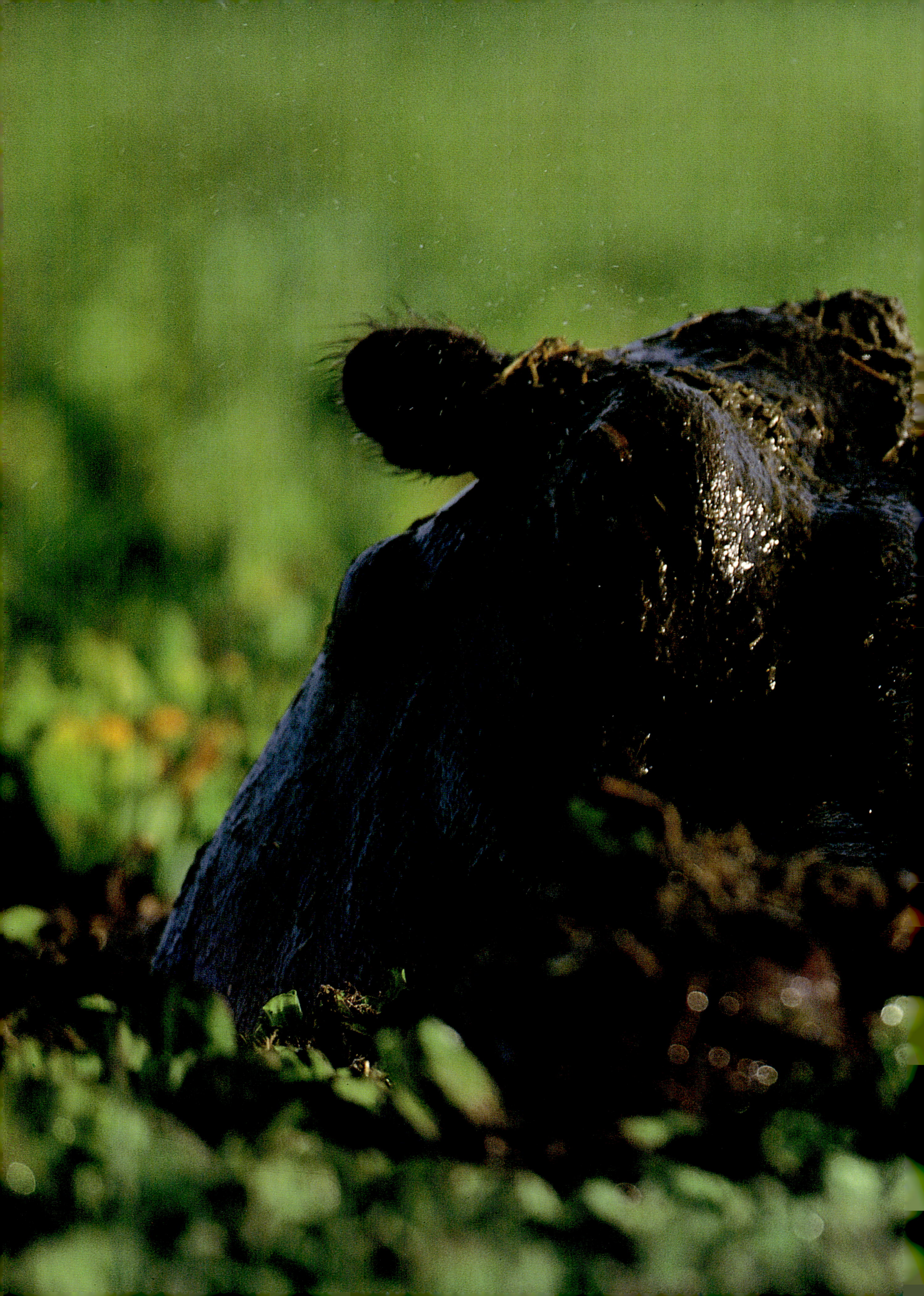

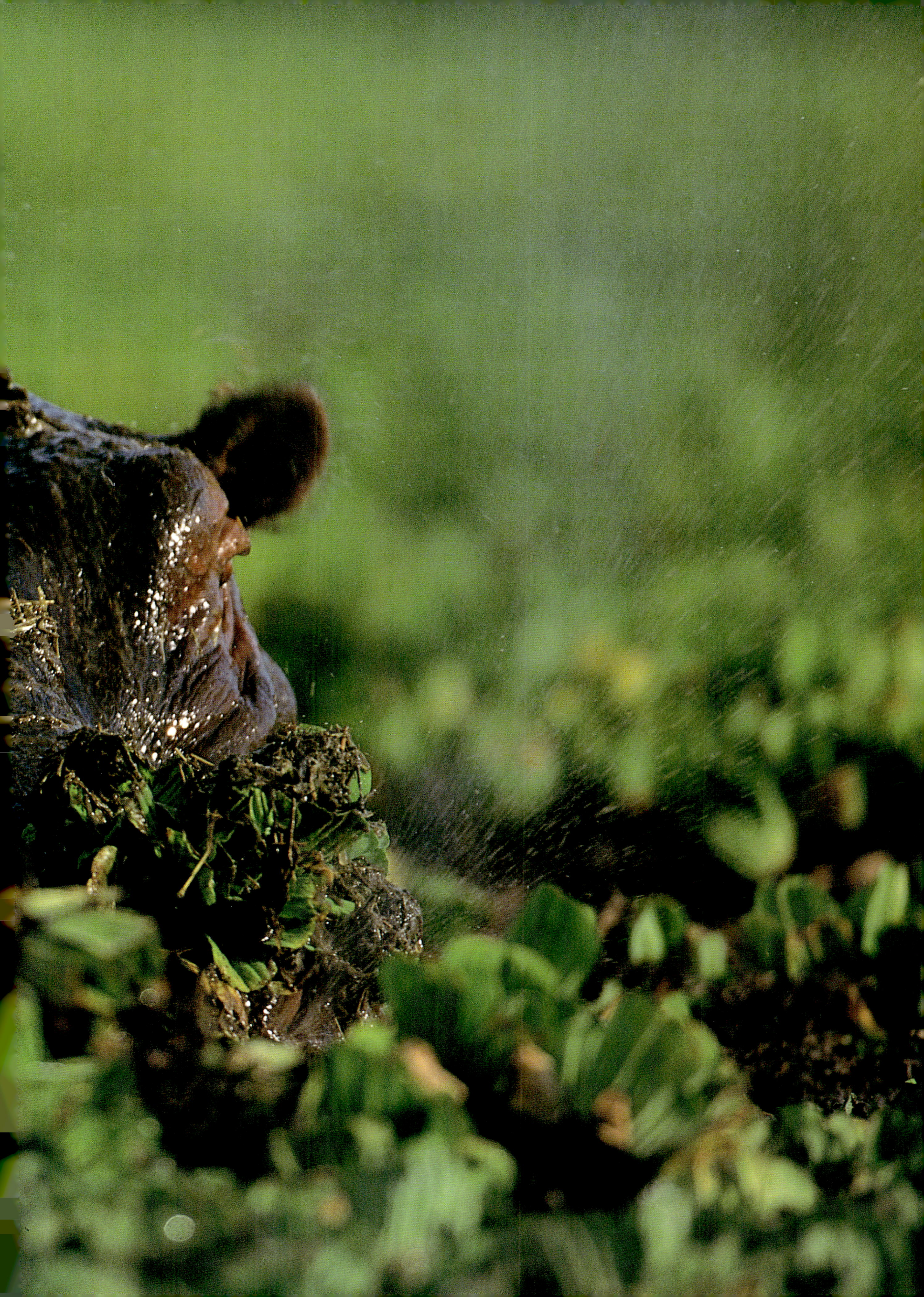

22-23 In der Trockenzeit verbringen die Elefanten viel Zeit in den Sümpfen. Wenn sie krank, verletzt oder alt sind, ziehen sie sich gerne dorthin zurück, denn sie finden dort Wasser und eine zarte und leicht zu kauende Vegetation. Wenn sie sterben, verschwinden ihre Knochen am Grund des Wassers oder werden von Pflanzen verdeckt. Trocknet der Sumpf aus, so taucht eine größere Menge Skelette wieder auf, was wahrscheinlich zur Legende des Elefantenfriedhofs beigetragen hat.

23 oben Innerhalb weniger Stunden können Hunderte von Geiern über einen Kadaver herfallen. Ihre Klauen sind schwächer als die des Adlers und sie verzehren ihre Beute an Ort und Stelle. Sie säubern die Gegend von Kadavern und verhindern die Ausbreitung von Epidemien.

jedoch rasch wieder in Besitz und daraus entstanden schließlich Reservate. 1933 beschloss man Nationalparks und Reservate einzurichten, doch die meisten, in Kenia ebenso wie in Tansania, existieren erst seit 1948 bis 1968. Das wichtigste geschützte Ökosystem dieser Gebiete ist etwa 30 Quadratkilometer groß. Es besteht aus dem Masai-Mara-Wildreservat in Kenia, dem Serengeti-Nationalpark und dem Ngorongoro Conservation Area und besitzt keine natürlichen Grenzen. Dort findet alle zwei Jahre die letzte große Tierwanderung der Welt statt, an der etwa 2 Millionen Grasfresser, darunter mehr als 1,3 Millionen Gnus teilnehmen. Diese Zahlen haben folgende Ursachen: einmal die Auslöschung der Rinderpest durch tierärztliche Behandlungen, was wiederum zum Verschwinden des Virus' bei den Wildtieren zu Beginn der 60er Jahre führte; dann die günstigen Regenfälle nach dem Jahr 1971 und die große Trockenheit, die die Vermehrung der Gnus und der Büffel bremste, da der Bodenreichtum direkt Einfluss auf die Größe der Tierpopulationen hat. In der Schutzzone bleibt das Gleichgewicht empfindlich und intensives Wildern hat die Reihen mancher Arten gelichtet. So ist zum Beispiel das Nashorn Opfer seines Horns. Zu Pulver gemahlen, wurde dieses 1992 zum Preis von ca. 40 000 DM pro Kilogramm gehandelt, wegen seiner angeblich aphrodisierenden Eigenschaften. Im Jemen macht man aus den Hörnern auch Dolchgriffe. Heute leben nicht einmal mehr 4000 Spitzmaulnashörner (400 davon in Kenia) und nur eine Hand voll importierter Breitmaulnashörner aus Südafrika.

Der Hyänenhund wurde außerhalb der Parks von der Landbevölkerung ausgemerzt, die ihn für einen Schädling hielt. Selbst die Zahl derer, die in geschützten Gebieten leben, ist lächerlich gering; infolge einer Virusinfektion soll es weniger als 3000 Tiere auf dem ganzen Kontinent geben. Sie stehen kurz davor, für immer von unserem Planeten zu verschwinden.

Die gefleckten Wildkatzen wurden wegen ihrer Felle gejagt. Auch ihre Zahl ist drastisch

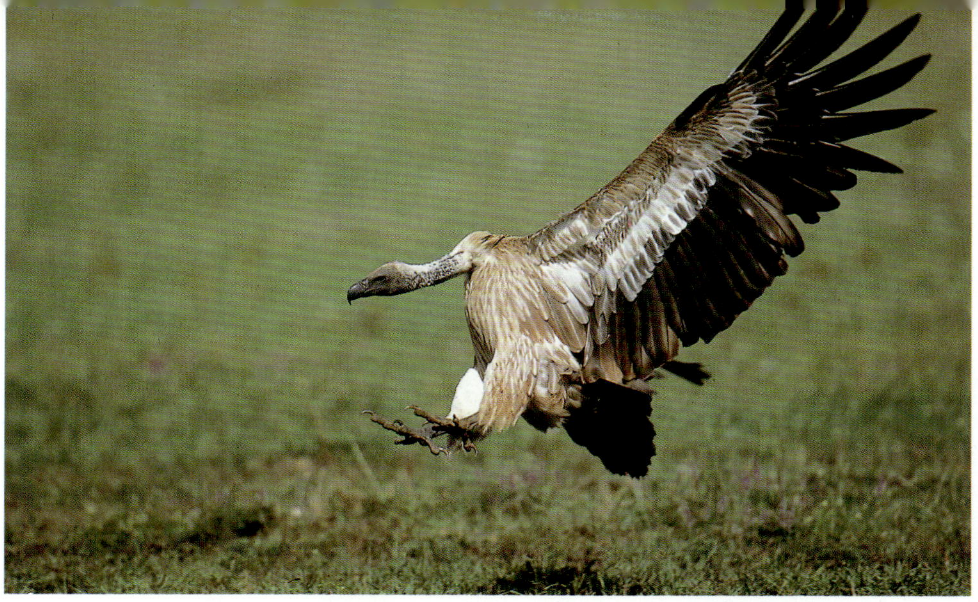

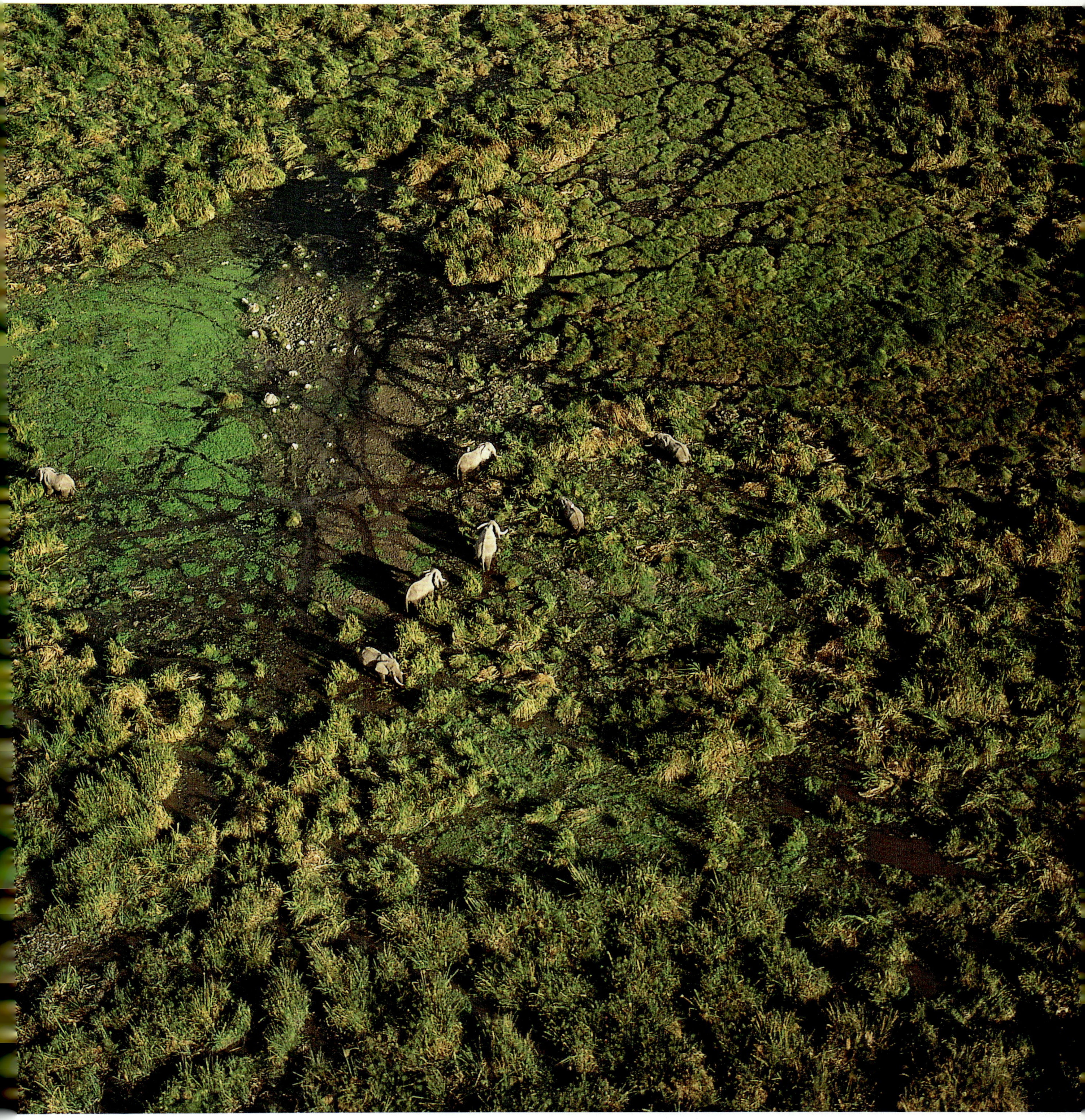

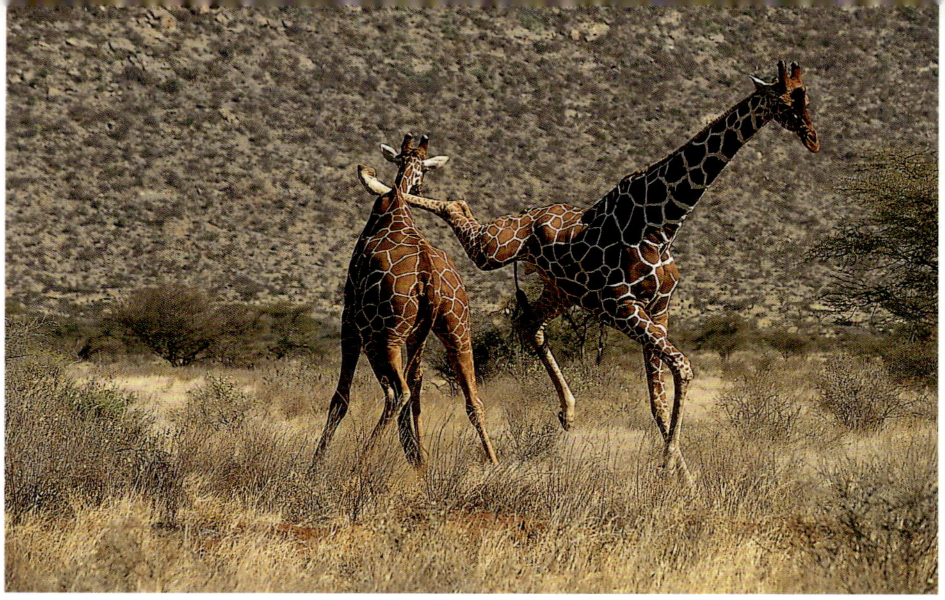

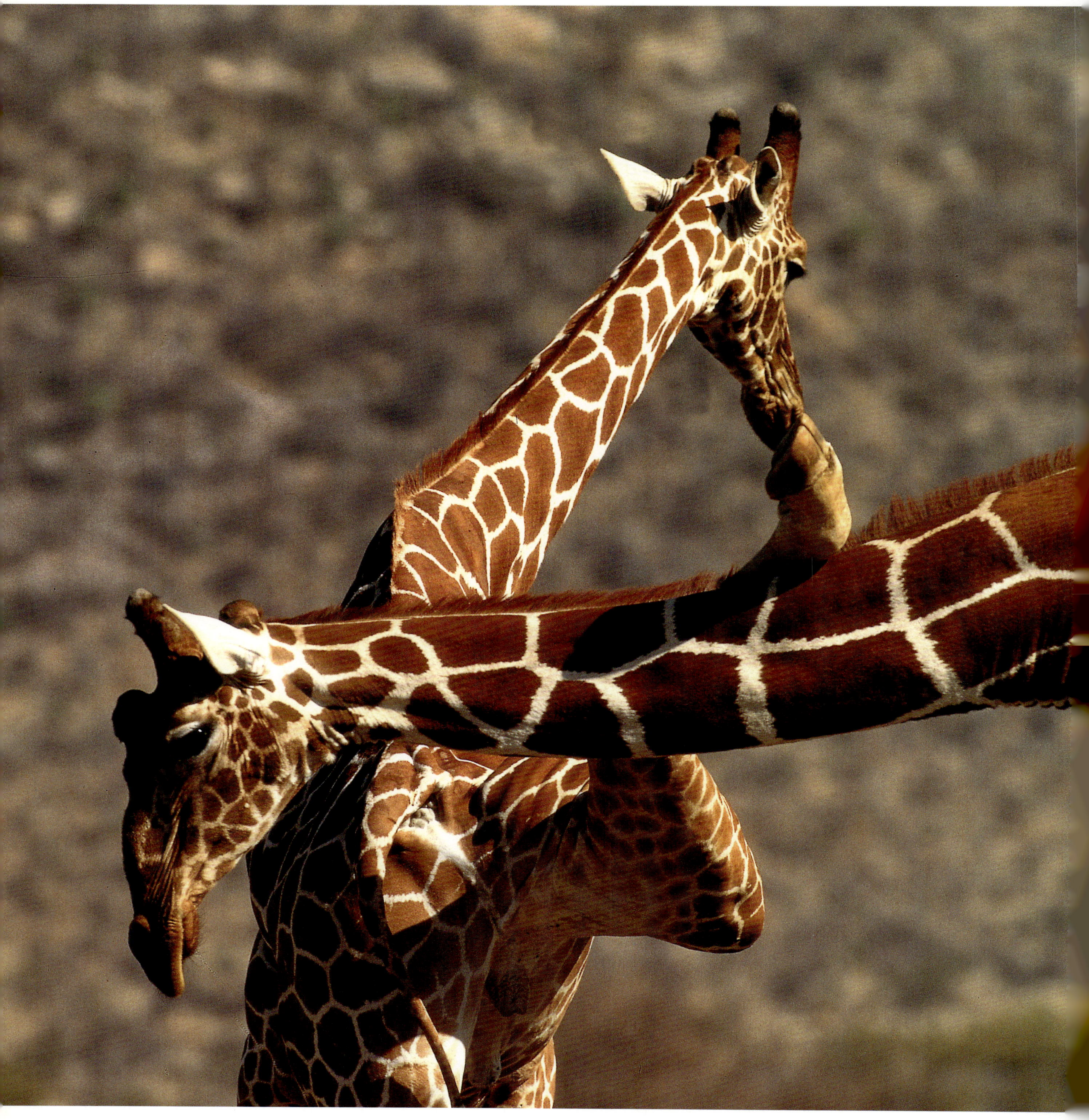

gesunken. Sie sind mittlerweile im Washingtoner Artenschutzabkommen geschützt, so wie die Nashörner und die Elefanten. Auf dem gesamten Kontinent soll es nur noch 350 000 Elefanten geben, während es zu Anfang des Jahrhunderts noch über 5 Millionen waren. Intensives Wildern hat in den 70er und den 80er Jahren für eine drastische Reduzierung der Population gesorgt. Elfenbein, das 1970 etwa 15 DM pro Kilogramm wert war, erreichte 1988 mehr als 440 DM pro Kilogramm. Die Tendenz hat sich umgekehrt seit es ein Handelsverbot für Elfenbein gibt. Heute gilt es, andere Probleme zu lösen. Früher zogen die Elefanten von einer Gegend zu nächsten und ließen der Vegetation Zeit, sich zu erholen. Nun sind Ortsveränderungen nicht mehr möglich, denn die besiedelten Gebiete hindern die Tiere am Verlassen des Reservats.

Obwohl die Dickhäuter in der Gegend, in der sie leben viele Akazien zerstören, so spielen sie doch eine lebenswichtige Rolle bei der Regeneration ihres Lebensraums. Ihre Vorliebe für die Früchte der *Acacia tortilis* zum Beispiel sichert die Verbreitung des Baumes, da ihr Verdauungsapparat bis zu 10 000 Samen enthalten kann. Nur über den Verdauungsapparat und die Exkremente des Elefanten können die Bäume vermehrt werden.

Dieser Teil der Erde ist, trotz der mit Wilderei oder mit der dichten Bevölkerung verbundenen Probleme, wie eine Arche Noah, wo die Tiere noch wild leben im Inneren der sie beschützenden Reservate.

24-25 Die Netzgiraffen besiedeln die semi-ariden Zonen im Norden Kenias. Unabhängig davon, welcher Unterart sie angehören, leben die Männchen nebeneinander in sich überlappenden Revieren. Wenn zwei aufeinander treffen wird der Rang durch Scheinkämpfe festgelegt. Sie verwinden ihre Hälse und schieben sich mit zum Teil heftigen Kopfstößen; doch tödliche Hufschläge werden nur an Fressfeinde verteilt. Diese anmutigen und spektakulären Kämpfe sind in der Regel ungefährlich, außer wenn eine der Giraffen das Gleichgewicht verliert und zu Boden fällt.

26-27 Tagsüber legen sich die Löwen in den Schatten von Bäumen oder Büschen, denn sie sind sehr hitzeempfindlich. Beute, die sie vor der Mittagshitze nicht vollständig gefressen haben, ziehen sie in den Schatten.

28-29 Diese Grantgazellen grasen neben einer Schirmakazie. Ein solcher Baum ist in der ausgetrockneten Savanne eine Wohltat für die Tiere. Antilopen fressen die Blätter der niederen Zweige, während Elefanten und Giraffen sich die Baumkrone vornehmen. Dutzende von Webervögeln bauen darin ihre Nester.

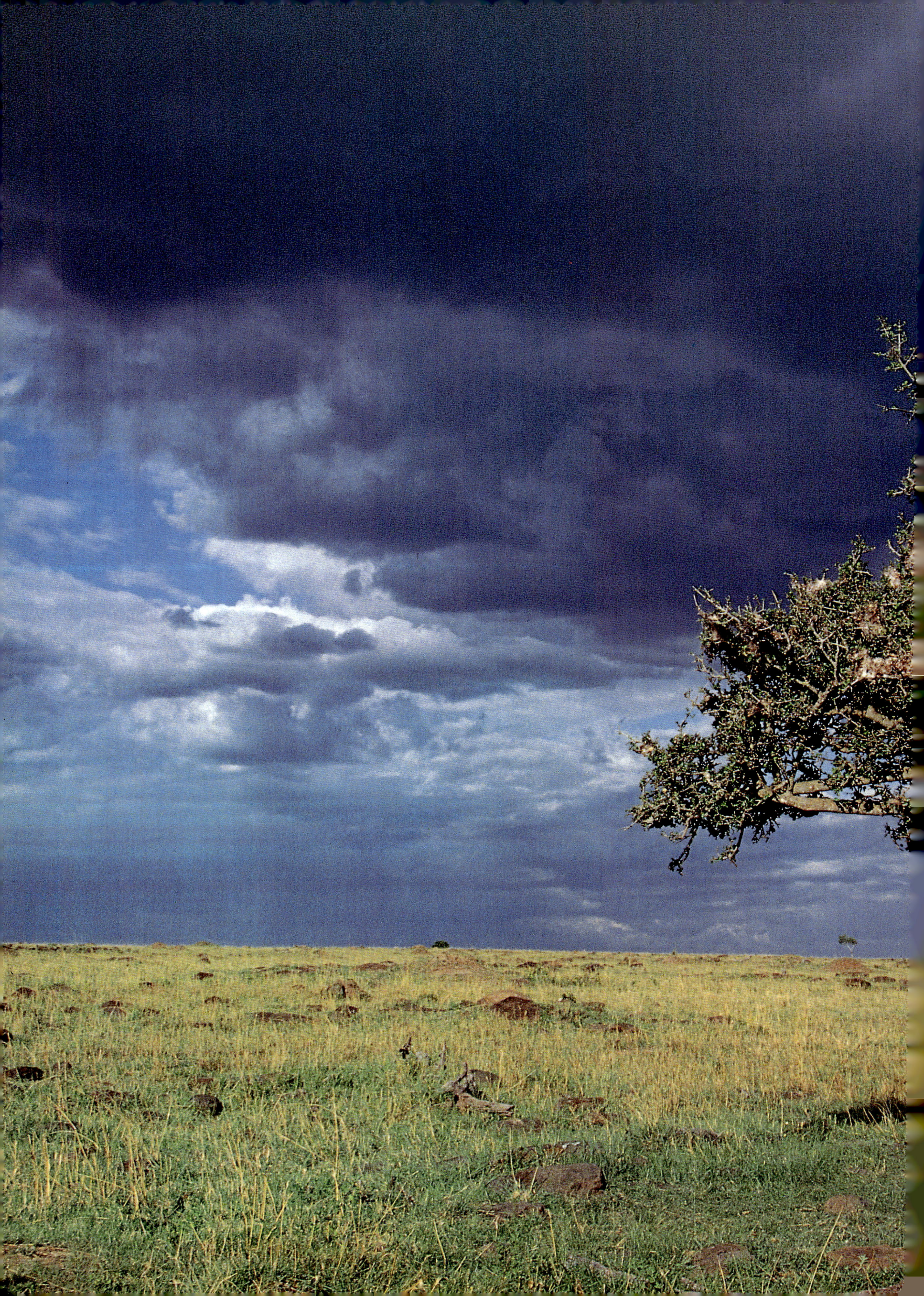

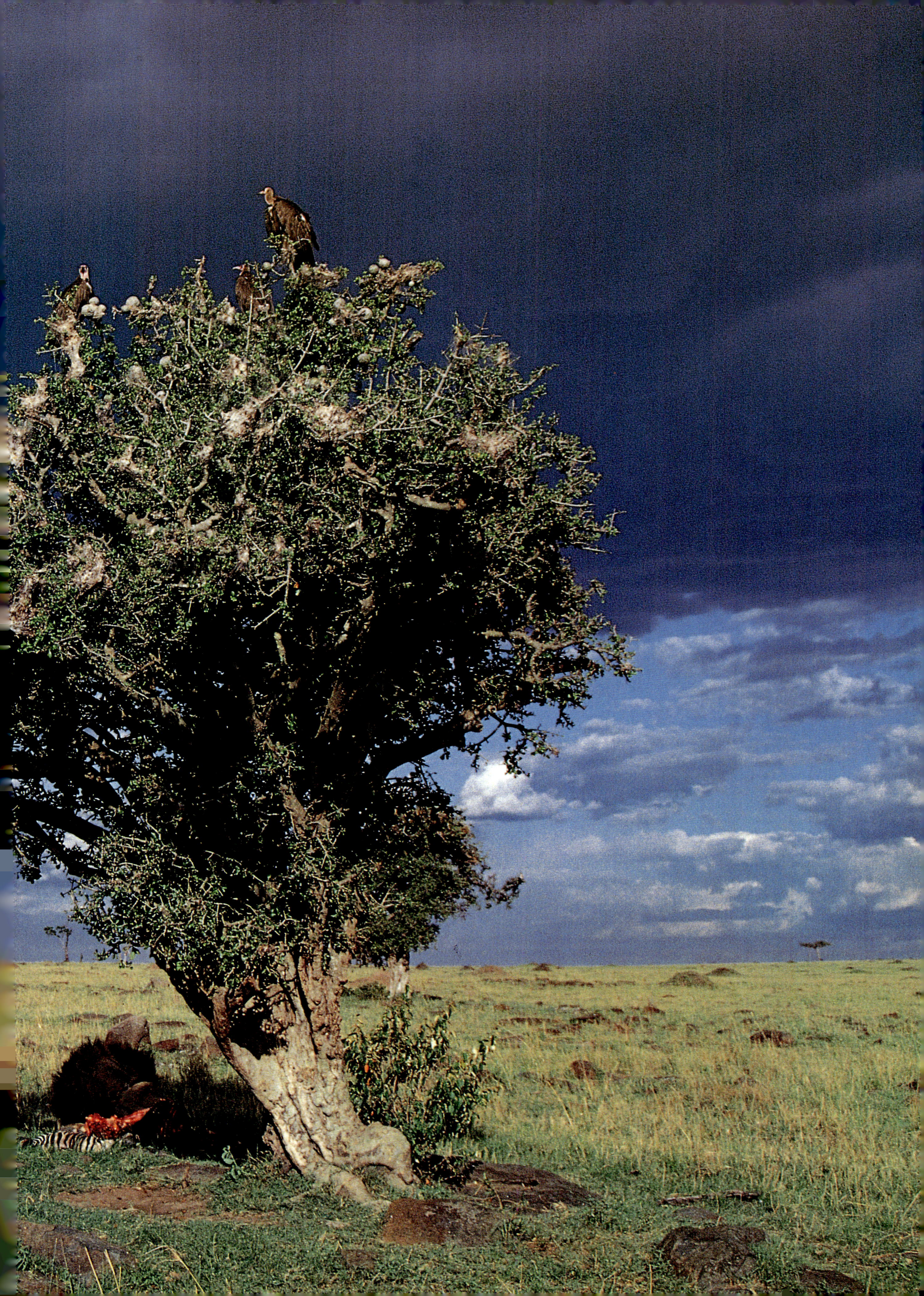

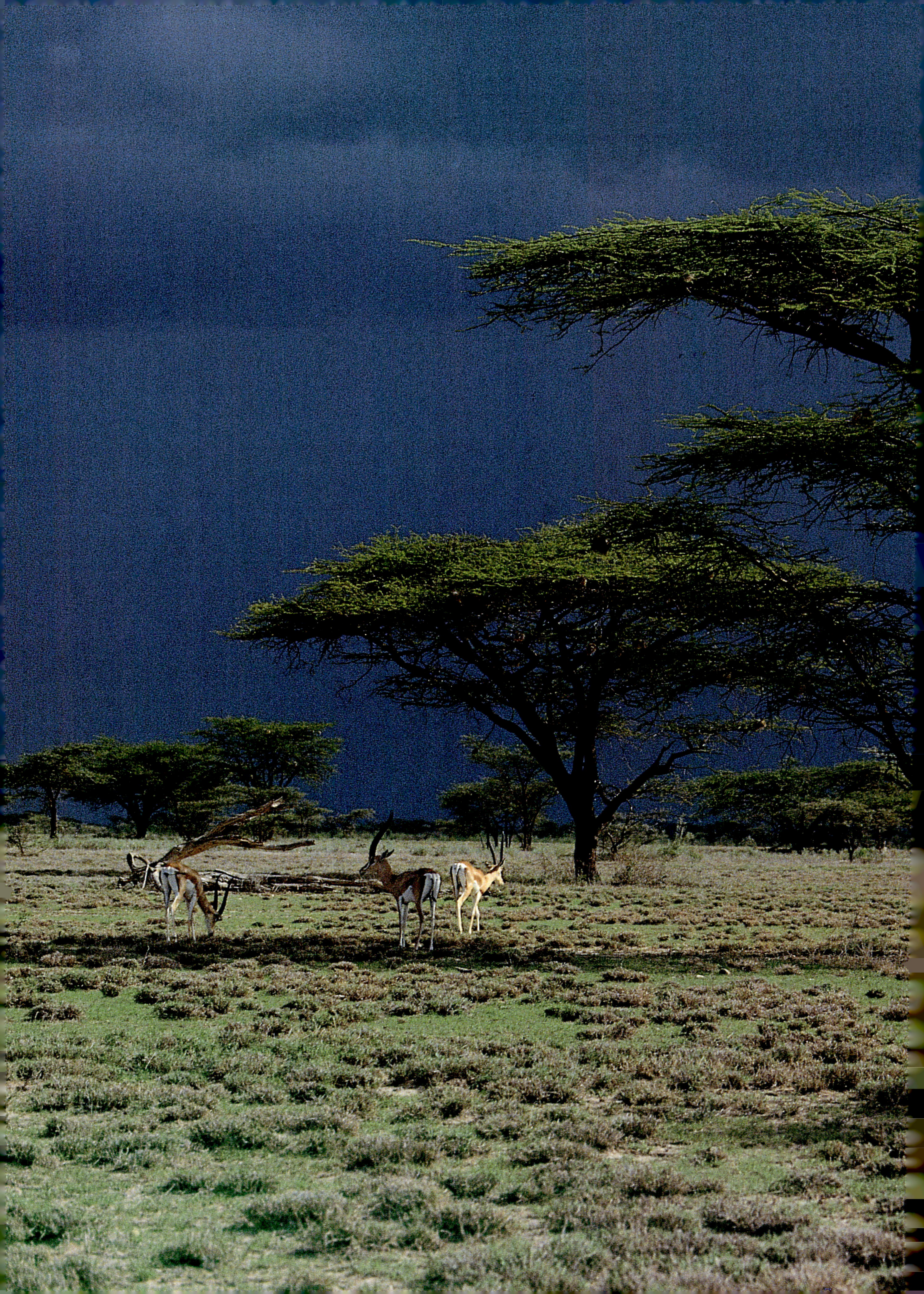

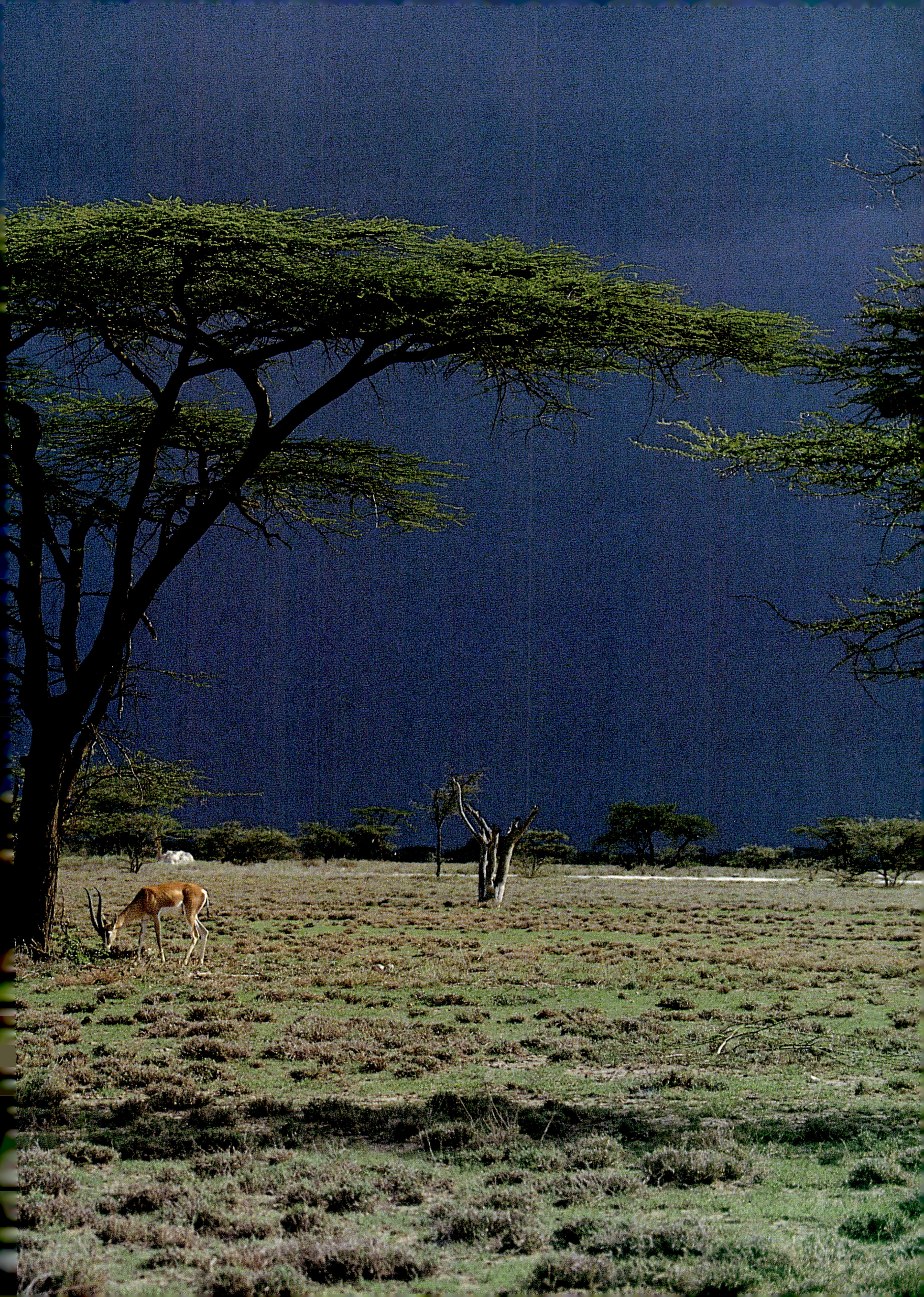

WILDPORTRÄTS

Tagesanbruch im Samburu-Reservat: Eine Herde Elefanten bewegt sich beim Fressen auf den Fluss zu. Hinter der Biegung eines Gebüsches taucht ein Pärchen anmutiger kleiner Antilopen, Dikdiks, auf. Ganz in der Nähe überwacht ein Impalamännchen mit Hörnern seinen Harem, der sich aus etwa Hundert Weibchen mit ihren Jungen zusammensetzt. Andere herdenlose Männchen grasen etwas entfernt und versuchen von Zeit zu Zeit, sich zu nähern, aber der „Eigentümer" verjagt sie sofort und sie flüchten mit großen Sprüngen. Auf ihrem Weg kommen einige Elefanten unter einem Akazienbaum vorbei, wo ein Panther gleichgültig und ruhig liegt. Auf der anderen Seite des Wassers kämpfen zwei Giraffenmännchen Hals gegen Hals, Kopf gegen Kopf, als ob sie tanzen würden. Zehn Artgenossen fressen einige Meter entfernt und schauen dabei gelegentlich zu den Kämpfenden hin. Das Geschrei von Nilpferden ist aus dem Fluss zu hören.

Dies sind Alltagsszenen aus dem Leben im Reservat; sie spiegeln die große Artenvielfalt wieder. Die Lebensweisen dieser Tiergesellschaften sind vielfältig: Leben in Gruppen, wo die Beziehungen zwischen den Individuen sehr wichtig sind, wie zum Beispiel bei den Löwen, den Hyänenhunden, den Hyänen, den Pavianen oder den Elefanten; Leben als Paar wie die Schakale oder die Dikdiks; Leben in Herden wie die Impalas, die Gazellen, die Topis oder die Gnus. Außerdem gehorchen Männchen und Weibchen derselben Art nicht unbedingt denselben sozialen Regeln. So sind Kämpfe zum großen Teil das Privileg der Männchen. Der Einsatz ist bedeutend: Es handelt sich sowohl darum, ein Territorium zu erobern oder zu bewahren, seine hierarchische Position zu verteidigen, Weibchen für die Paarung zu erobern, als auch, sich die Beute eines anderen anzueignen. Ein Tier kämpft niemals ohne Grund gegen einen Artgenossen. Die Kämpfe sind selten tödlich, außer bei den Nilpferden. Wenn ein Gegner derselben Art stirbt, so geschieht dies weder mit Absicht, noch wird dies besonders angestrebt. Der Tod kann einfach die Folge der erlittenen Verletzungen sein. Im Übrigen versuchen die Rivalen in der Regel alles, um einen wirklichen Kampf zu vermeiden. In stark hierarchischen Gesellschaften zum Beispiel werden die Rangordnungen durch gegenseitige Drohgebärden und unterwürfiges Verhalten bestätigt und der Schwächere zieht sich kampflos zurück.

Dieses Verhalten kann man sehr häufig bei Elefanten beobachten. Die Herden bestehen hauptsächlich aus den Weibchen und ihren weiblichen und männlichen Jungen. Die erwachsenen Männchen werden aus dieser matriarchalischen Gesellschaft ausgeschlossen. Tag für Tag, Jahreszeit für Jahreszeit bewegt sich jede Herde auf regelmäßigen Wegstrecken und alle ihre Mitglieder widmen sich gleichzeitig denselben Beschäftigungen. Nur bei der Nahrungsaufnahme entfernen sie sich etwas voneinander, doch tragen sie dabei Sorge, durch dumpfe oder für den Menschen unhörbare Laute den Kontakt aufrechtzuerhalten. Die Dickhäuter kommunizieren viel über Kurzfrequenzen, die sehr weit reichen, vor allem in der Savannenlandschaft. Das älteste Weibchen der Gruppe hat die Führung; die anderen sind ihre Verwandten: Schwestern, Nichten, Cousinen, Töchter. Sie ist die Führerin und das Gedächtnis der Herde; ihre Gefährtinnen folgen ihr blindlings.

Ihre Kenntnisse über den Lebensbereich des Klans und über die seit undenklichen Zeiten von den Vorfahren gegangenen Wege sind überlebenswichtig. Sie weiß, wo man je nach Jahreszeit Nahrung und Wasser findet und wie man gefährliche Orte meidet. Ihre jungen Verwandten lernen dieses Wissen Tag für Tag durch Nachahmung und dank ihres fabelhaften Gedächtnisses.

Im Gegensatz zu den Primaten, die nur innerhalb ihres Klans soziale Beziehungen haben, pflegen die Weibchen einer Familie bevorzugte Kontakte mit anderen Gruppen, deren Mitglieder wahrscheinlich nähere oder entferntere Verwandte sind. Wenn zur Regenzeit die Nahrung im Überfluss vorhanden ist, dann finden sich all diese „Familiengruppen" zu großen Herden zusammen, was den sozia-

31 Der Elefant wächst sein ganzes Leben lang. Dies gilt auch für seine Stoßzähne. Ein Männchen wiegt durchschnittlich 5 Tonnen mit Stoßzähnen von etwa 30–40 Kilogramm, Weibchen dagegen bringen 3 Tonnen und 10 Kilogramm auf die Waage. Die größten Stoßzähne, die man bisher entdeckte, waren 105 Kilogramm schwer und 3,5 Meter lang. Diese überdimensionalen Schneidezähne spielen eine wichtige Rolle: Sie sind Werkzeuge, um Obstschalen aufzureißen, Brunnenlöcher zu graben oder Wurzeln freizulegen, und sie dienen als Waffen.

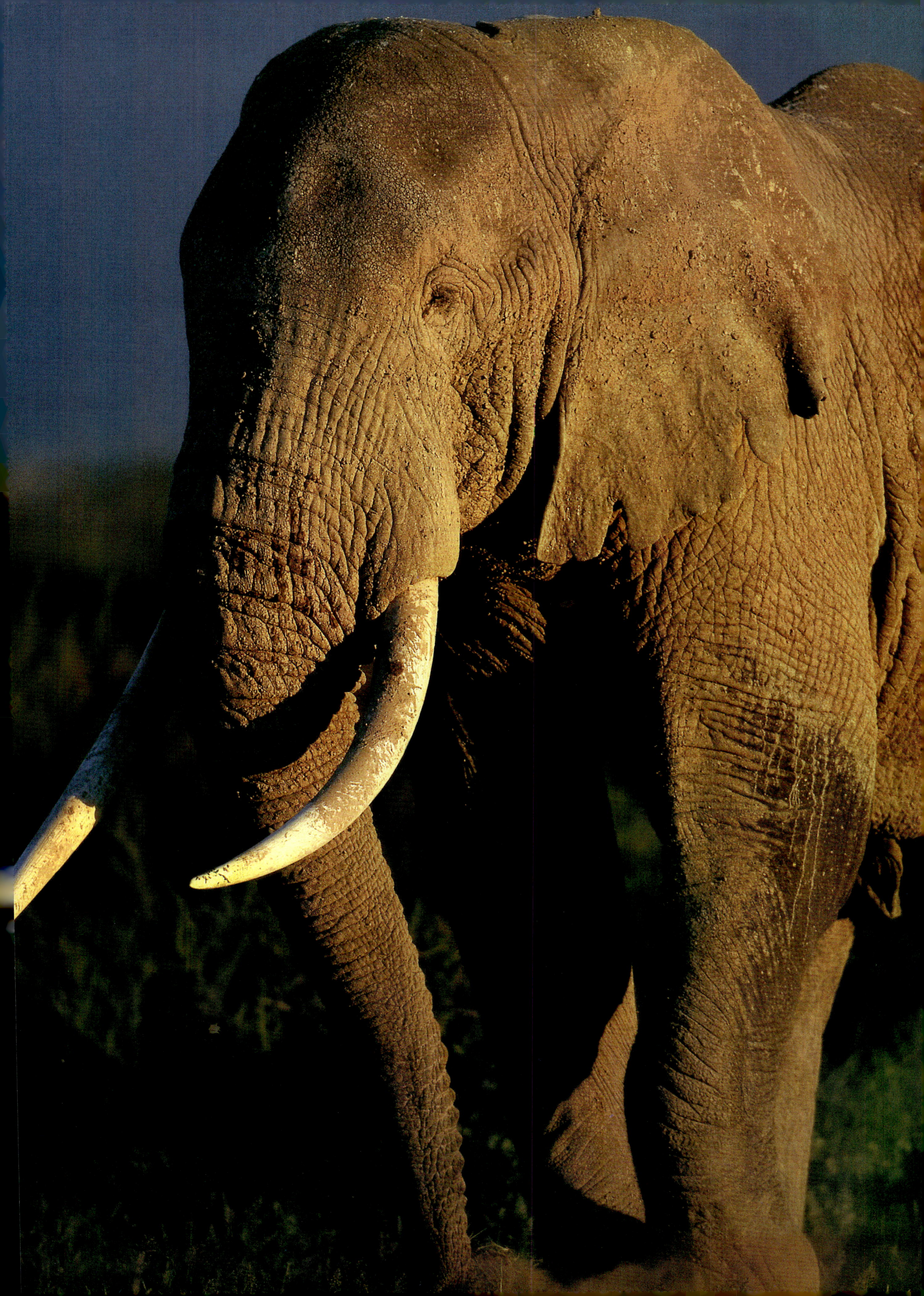

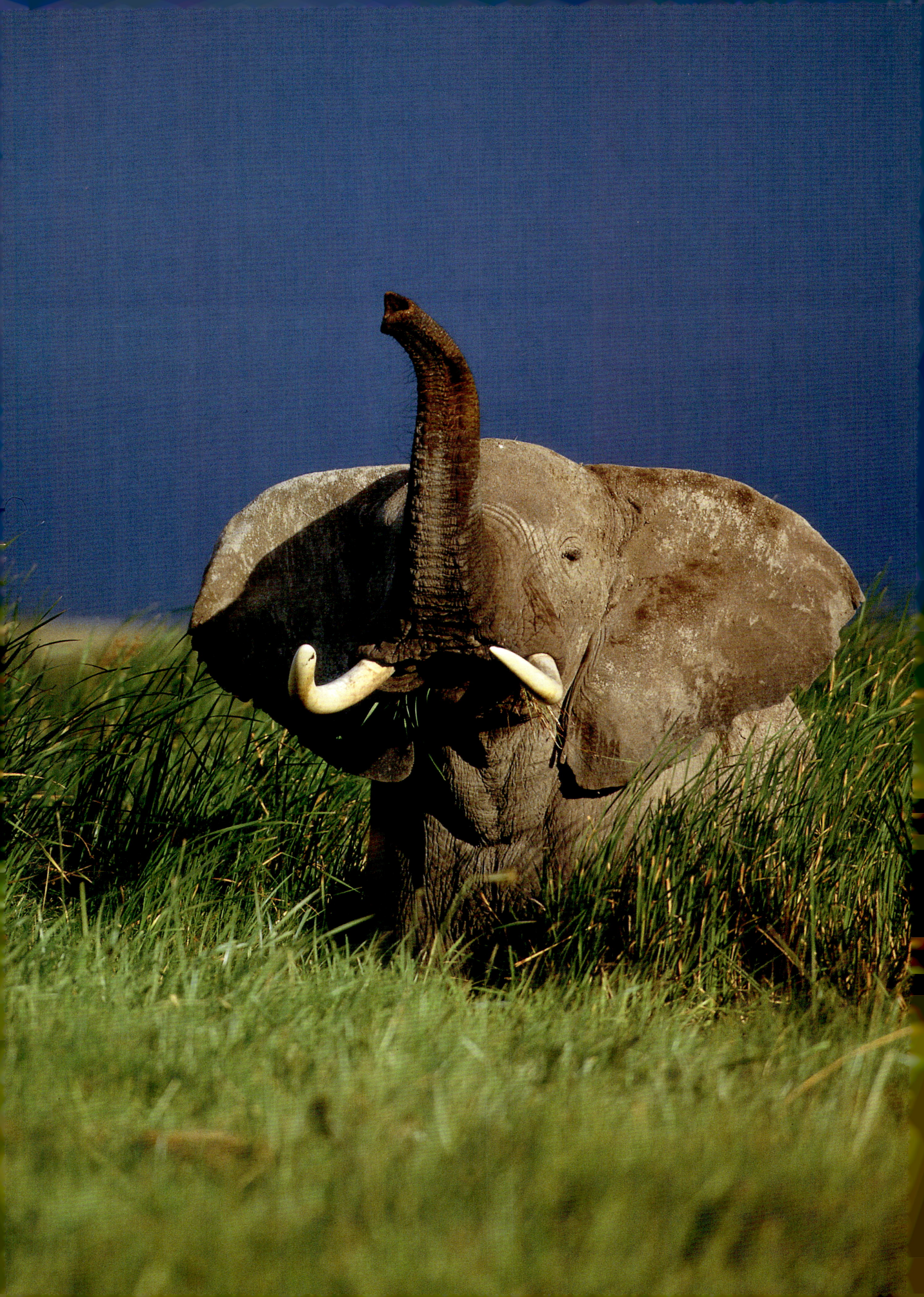

32 Das Elefantenmännchen ist unruhig und hebt den Rüssel, um die verdächtigen Gerüche aufzunehmen. Dieses Organ ist in der Tierwelt einzigartig. Es kann bis 2,1 Meter lang werden, ist voll durchmuskelt und besitzt am Ende zwei „Finger" zum Aufnehmen und Tasten. Der Rüssel dient als Nase, Hand, Sauger, „Trompete" und Tastorgan.

33 Mit dem Rüssel kann der Elefant kraftvoll Wasserpflanzen, Zweige oder Bäumchen ausreißen, aber auch mit Gefühl ein Blatt oder einen Grashalm pflücken.

len Austausch begünstigt. Sobald es schwieriger wird, sich zu ernähren, trennen sie sich wieder.

Das Leben der Männchen verläuft ganz anders: In der Pubertät werden sie gezwungen, ihre Herde zu verlassen. Solange sie noch zu unerfahren sind, bleiben sie in kleinen Gruppen gleichaltriger Männchen nahe bei den Weibchen. Nach 20 bis 25 Jahren werden sie dann Einzelgänger, die in klar abgegrenzten Gebieten leben. Manchmal werden sie von ein oder zwei jüngeren Gefährten begleitet wie ein Ritter von seinen Pagen. Zur Brunftzeit gesellen sie sich zu den Weibchen. Durch die Kämpfe, in denen sie sich im Lauf der Jahre gegenüberstanden, wissen die potentiellen Kandidaten wie stark der andere ist. So ist die Rangfolge bezüglich Nahrung, Wasser und Paarung festgelegt, ohne dass sie erneut darum kämpfen müssen. Wenn die Populationsstruktur gesund ist, das heißt die Alterspyramide nicht durch Wilderer gestört wurde, dann dürfen die jungen Männchen sich nur kurz und zu Anfang und Ende der Brunftzeit mit den Weibchen paaren.

An über 30 Jahre alten Männchen treten zu gewissen Zeiten im Jahr erstaunliche physische Erscheinungen zutage: Ihre Schläfendrüsen schwellen an und sondern ein zähflüssiges Sekret aus, das sehr stark riecht. Die Innenseite ihrer Hinterbeine ist feucht und ihr Penis bekommt eine grünliche Färbung. In diesem Zustand, der so genannten Musth, die in regelmäßigen Zeitabständen wiederkehrt und höchstens 34 Tage dauert, ändert sich das Verhalten der Elefantenbullen: Sie werden sehr aggressiv und stellen die Hierarchie auf den Kopf. Die Musthmännchen paaren sich vor allen anderen, gleich welchen Ranges, und sie sichern den größten Teil der Fortpflanzung.

Bei den Zebras sind die Hengste sehr kampflustig. Schon in der Jugendzeit beginnen sie, Duelle auszutragen. Die Erwachsenen kämpfen nach festen Regeln um die Eroberung und die Verteidigung von Revieren. Richtige Kämpfe tragen sie erst dann aus, wenn sie mit vier oder fünf Jahren eine Familie grün-

34-35 Die Elefantenweibchen einer Herde bleiben ein Leben lang zusammen. Sie suchen niemals Streit und sind sehr zärtlich zueinander. Wenn eine Familie eine „befreundete" Herde trifft, begrüßen sich die Weibchen ausführlich: Sie schlingen die Rüssel ineinander, stoßen die Stoßzähne aufeinander, schlagen mit den Ohren und das Ganze unter lautem Trompeten. Schwache Individuen, ob Jungtiere, Kranke oder Verletzte, werden sehr fürsorglich behandelt.

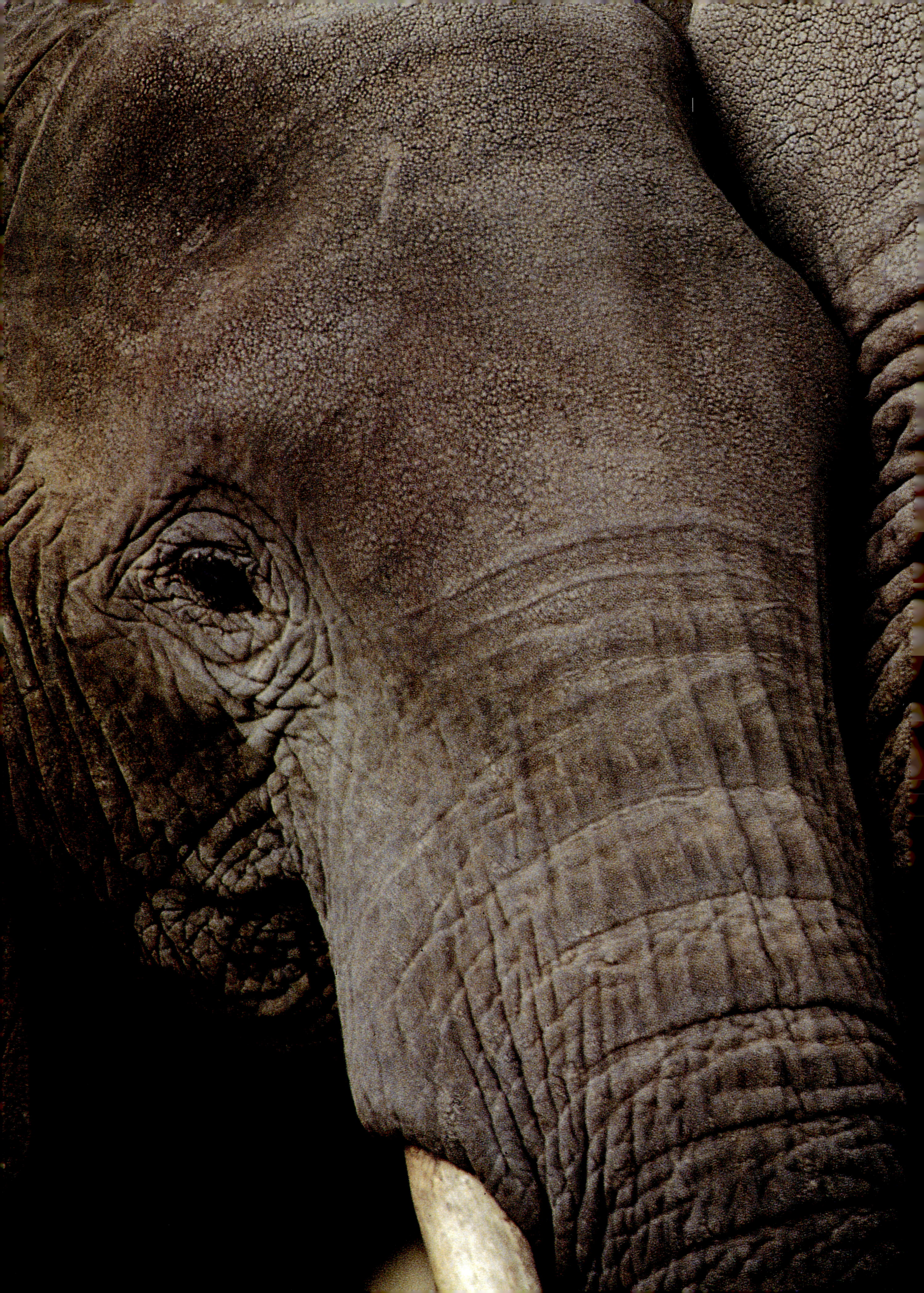

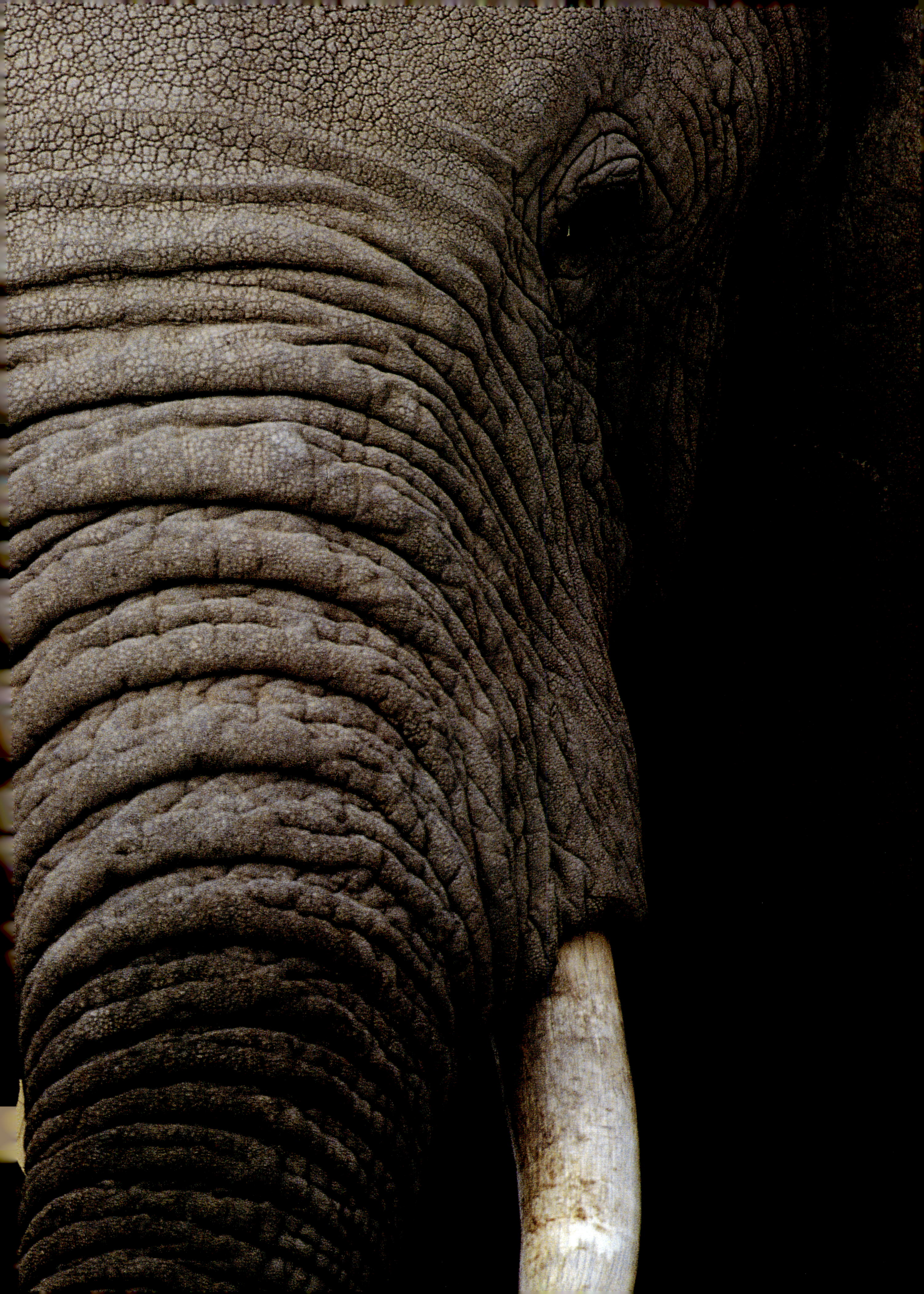

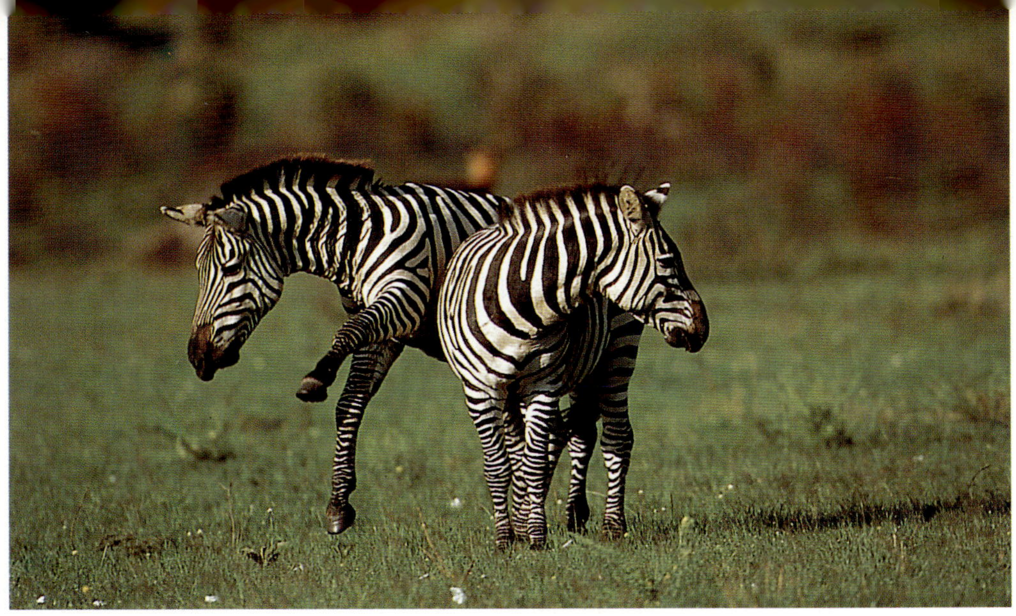

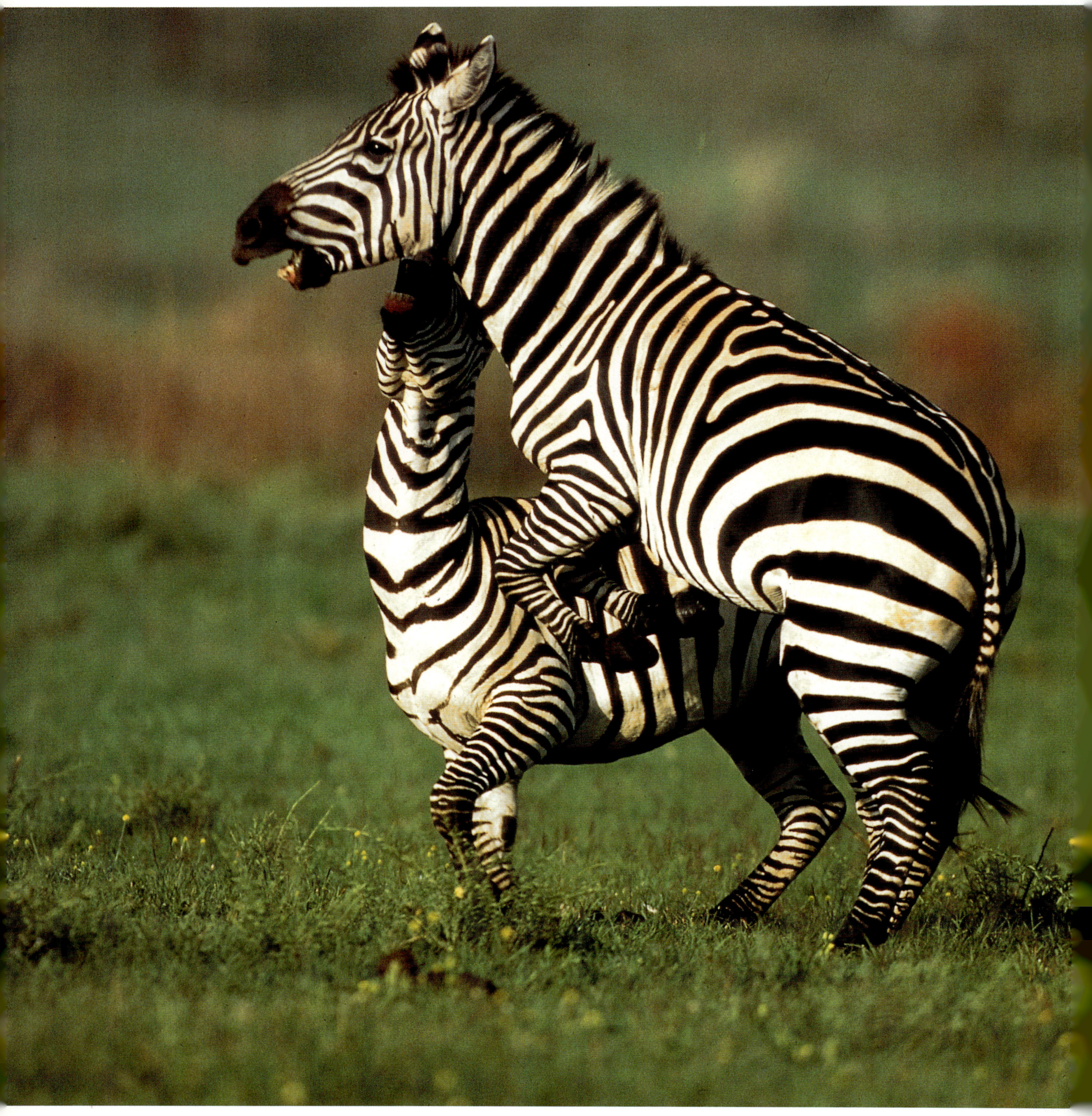

36-37, 36 oben und 37 oben *Wenn bei den Zebramännchen aus Spiel Ernst wird, dann zielen die Bisse nach der Kehle, dem Nacken und den Beinen und können sehr grausam sein. Die Hufe aus nachwachsendem Horn sind gefürchtete Waffen, sowohl wegen der Wucht ihrer Tritte als auch wegen ihres scharfkantigen Randes. Während des Kampfes zügeln die Zebras ihre Bewegungen, um den Gegner nicht zum Krüppel zu schlagen. Im Gegensatz zu den meisten Huftieren, für die der Gewinner der physisch Stärkere ist, erkennen die männlichen Zehengänger als führenden Hengst denjenigen an, der sich geschickter und wendiger zeigt.*

den. Dazu suchen sie sich erst eine und dann mehrere Stuten aus. Die Fohlen, die geboren werden vervollständigen dann die Familie. Vorher leben sie in „Junggesellengruppen" bestehend aus Jungtieren oder Hengsten, die zu alt sind, um einen Harem zu leiten. Die sozialen Bindungen werden durch gemeinsame Aktionen gestärkt, besonders die gegenseitige Körperpflege, bei der einer die Haut im Nacken, am Hals oder im Rücken eines anderen vorsichtig mit den Zähnen krault, ohne zuzubeißen.
Jedes Familienoberhaupt muss die anderen Hengste in seiner Nachbarschaft grüßen. Dazu beschnuppert er die Nüstern und den Bauch seines Kameraden, reibt seinen Kopf gegen dessen Flanke und schlägt zum Abschied noch eine Kapriole.
Wenn die Herde sich fortbewegt, führt sie die ranghöchste Stute an. Die anderen folgen in hierarchischer Ordnung und die Fohlen laufen dazwischen. Das Männchen bildet das Schlusslicht oder läuft etwas abseits der Gruppe. Erwachsene Fohlen verlassen die Familieneinheit.
Für die Massai ist der Löwe ein Symbol der Würde und des Mutes. Tagsüber, träge unter einem Busch liegend, gibt er jedoch ein ganz anderes Bild ab! Er ist das einzige Raubtier, das in Gesellschaft lebt: Ein bis sechs erwachsene Männchen mit vier bis fünfzehn Weibchen und ihren Jungen leben in einem Rudel. Im Gegensatz zu stark hierarchisierten Gesellschaften genießen Löwen und Löwin-

37 unten *Ist das Zebra weiß mit schwarzen Streifen oder schwarz mit weißen Streifen? Letzter Stand der Wissenschaft ist die zweite Hypothese.*

nen in etwa die gleichen Rechte. Erst während der Mahlzeiten zeigt sich die Vorherrschaft der Männchen, die mächtiger als ihre Gefährtinnen sind. Die Weibchen sind untereinander verwandt und verbringen meist ihr ganzes Leben in ihrem Geburtsrudel. Die jungen Männchen dagegen müssen dieses im Alter von etwa drei Jahren verlassen. Sie gehen alleine, zu zweit oder zu dritt und werden Nomaden. Dann halten sie sich in der Nähe bestehender Rudel auf und lauern auf Anzeichen von Schwäche oder Alter des Anführers. Die Herausforderung der Alteingesessenen durch diese Jungen gibt Anlass zu Kämpfen, die auch tödlich verlaufen können. Die Machtübernahme ist nur vorübergehend. Man nimmt an, dass innerhalb des Rudels alle zwei bis drei Jahre ein Männchenaustausch stattfindet.

Eine klare Rollenteilung existiert zwischen Löwen und Löwinnen eines Rudels: Erstere verteidigen das Territorium und den Klan gegen Fremde. Um das Revier zu markieren, urinieren sie auf Bäumchen und Grasbüschel und schaffen so eine Art Duftbarriere. Wird ein Eindringling ertappt, begnügen sich die Reviereigentümer in der Regel damit, ihn mit kräftigem Gebrüll zu verjagen. Aber sie können sich auch einen gnadenlosen Kampf liefern. Im Austausch für diesen Schutz ziehen die Löwinnen die Kleinen groß, jagen und töten. Es gibt keine bestimmten Paarungszeiten bei den Löwen. Das erste Männchen der Herde, das auf ein rolliges Weibchen trifft bleibt in dessen Nähe und verscheucht andere durch seine Anwesenheit. Unter diesen Umständen ist die Rivalität zwischen den Männchen gering. Die Paarung selbst dauert nur wenige Sekunden, aber sie wird während der fünf Tage, in denen das Weibchen empfänglich ist, häufiger vollzogen, bis zu 50-mal in 24 Stunden. In dieser Zeit jagt das Paar nicht und frisst kaum. Trotz der häufigen Paarung sind die Chancen auf Fortpflanzung gering.

Löwen und Nashörnern ist es gemeinsam, die sexuelle Stärke zu repräsentieren. Deren Paarung kann Stunden dauern mit mehreren Ejakulationen und ihr Phallus wird bis zu einem Meter lang. Leider ist dieses „Können" auch Grund für ihre Bedrohung durch Wilderei. Das Nashorn führt ein Einzelgängerdasein und geht täglich dieselben Wege zu ganz präzisen Zeiten. Es ist gegenüber seinen Nachbarn recht tolerant und sie teilen sich oft dieselben Wasserstellen. Fremde werden jedoch prinzipiell verjagt.

Der Löwe ist der Herr der Savanne; im Gegensatz zu anderen Tieren, deren Ruf schlecht ist, wie dies auf die gefleckte Hyäne zutrifft. Es stimmt natürlich, dass sie nicht sehr anziehend wirkt mit ihrem kurzen, schmutzfarbenem Fell, ihrem abfallenden Hinterteil und dem ekelerregenden Geruch, den sie verbreitet. Außerdem hat sie eine Art zu lachen, die einem das Blut in den Adern

38-39 Löwen benutzen eine Vielzahl von Tonfolgen und Mimiken, um miteinander zu kommunizieren; so reduzieren sie die Notwendigkeit, Gewalt anzuwenden auf ein Minimum. Brüllt der Löwe stehend, den Kopf zu Boden geneigt, die Flanken nach innen und die Brust geschwellt, dann macht er seinen Revieranspruch deutlich. Davon bebt der Boden um ihn herum.

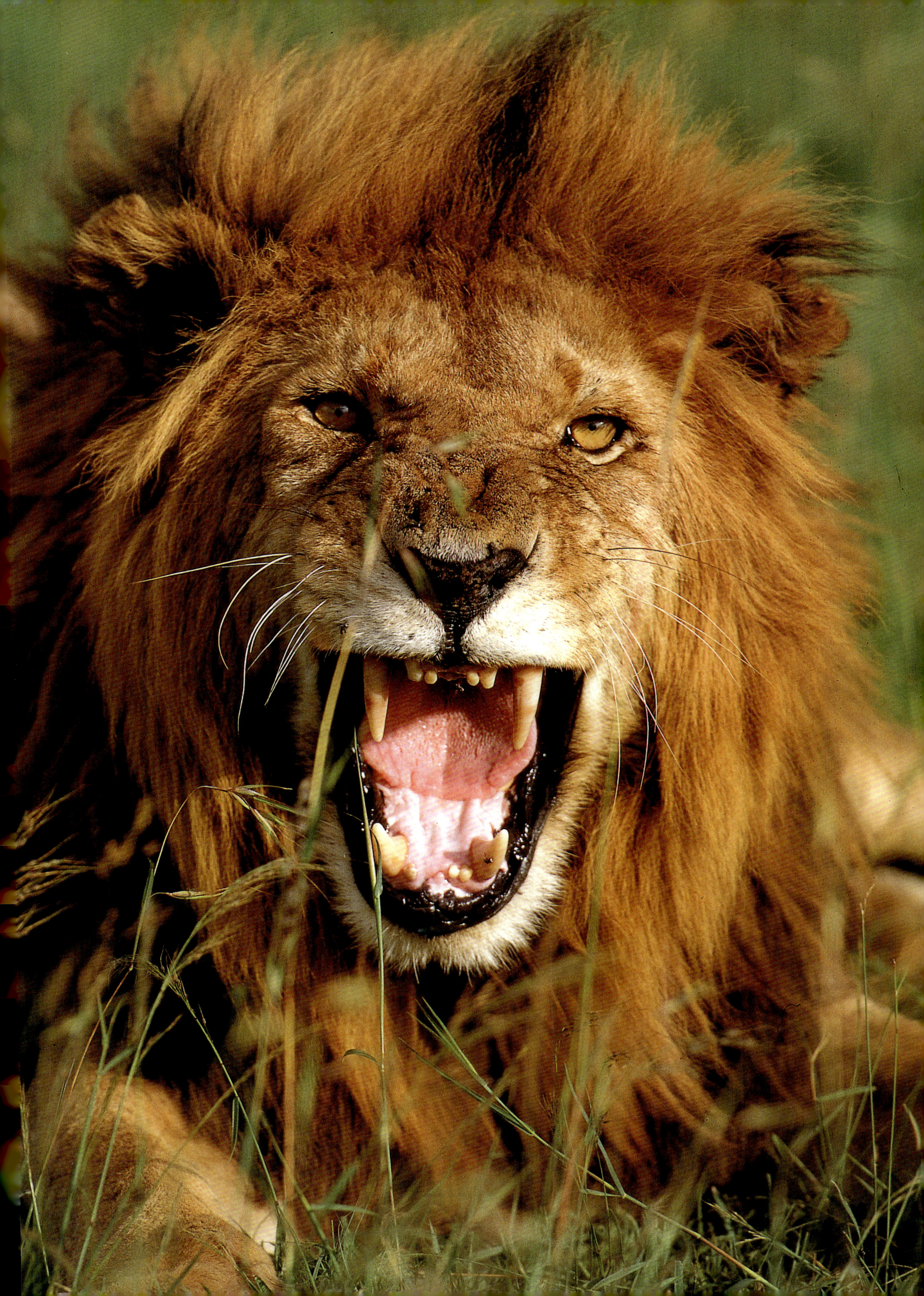

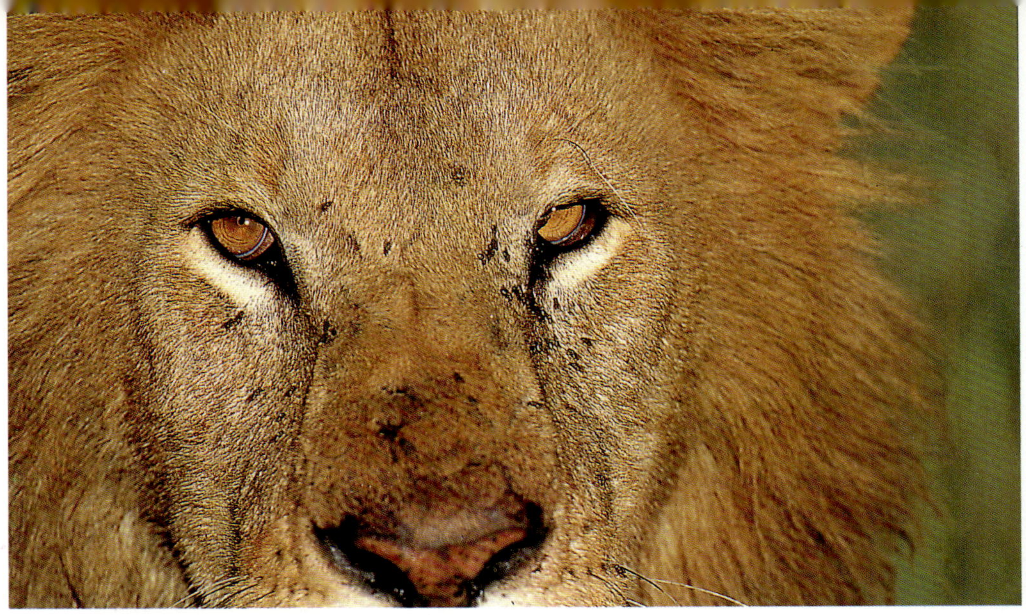

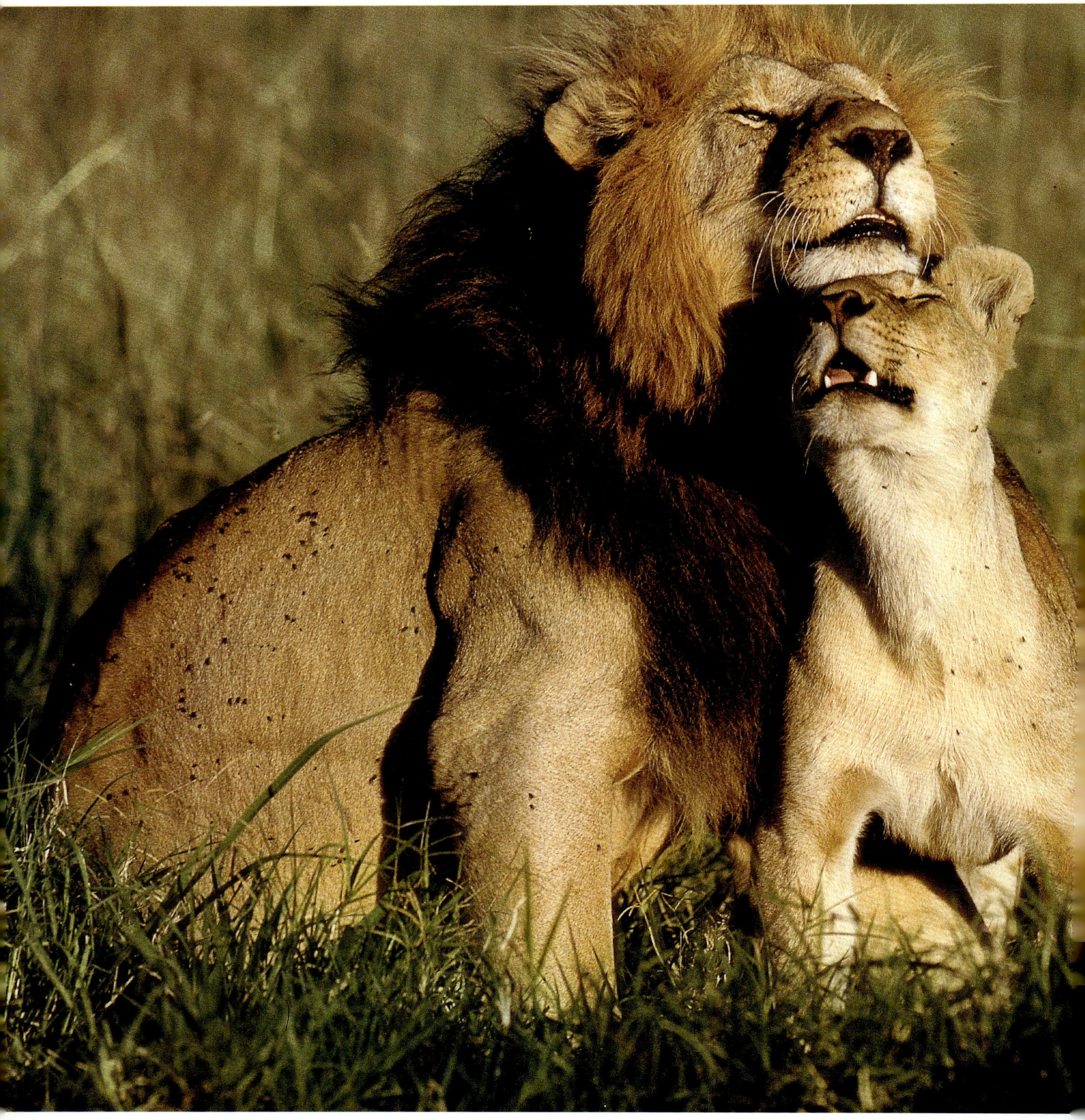

40 oben *Die Iris im Auge des Löwen schwankt zwischen goldfarben und braun, je nach Alter. Er benutzt den Sehsinn und das Gehör viel mehr als den Geruchssinn.*

40-41 *Löwen können sehr zärtlich sein. Aber während der Paarung beißt das Männchen in den Nacken seiner Partnerin; sie knurrt dumpf und fletscht die Zähne wie zur Drohung an einen Gegner. Rasch zieht sich das Männchen zurück, denn sie zögert nicht, ihn anzugreifen.*

41 *Die Weibchen eines Rudels sind ihrem Geburtsrevier sehr verbunden, auch wenn sie es manchmal wegen Überbevölkerung verlassen müssen. Ihre Verbundenheit beruht auf einer genauen Kenntnis der Jagdgebiete, die sie in ihrer Kindheit von ihren Müttern erworben haben.*

gefrieren lässt. Es ist der fürchterlichste Schrei, den man in der afrikanischen Nacht hören kann.

Die Hyänen haben ein gut entwickeltes Sozialleben. Sie leben in Klans von etwa 50 Mitgliedern, die ständig untereinander kommunizieren durch alle Arten von Lauten, Zeichen, Haltungen und auch durch Geruch. Kämpfe sind innerhalb des Klans selten, wo die Rangordnung nicht wieder in Frage gestellt wird: Die Alten herrschen über die Jungen und die Weibchen über die Männchen.

In dieser stark hierarchisierten, matriarchalischen Gesellschaft, an deren Spitze ein oder zwei Weibchen stehen, gibt es den Begriff des Paares nicht. Wenn ein Weibchen brünftig ist, kann es bis zu 15 Männchen anlocken, die sich um den Vorrang bei der Paarung streiten. Ist der Wettstreit beendet, muss der oder müssen die Sieger noch vom Weibchen akzeptiert werden. Sie nähern sich dem Weibchen nur unter großer Vorsicht und Einhaltung sämtlicher Unterwerfungsgesten.

Anders als der Zusammenhalt bei Löwenrudeln oder Elefantenherden ist bei den Giraffen das Einzeltier die Grundeinheit, auch wenn man sie zur Regenzeit häufiger in kleinen oder größeren Gruppen antrifft. Sie wechseln ständig den Standort und die Zusammensetzung der Gruppen ändert sich von einem Tag auf den anderen, von einer Woche zur nächsten, ohne dass es eine offensichtliche Regel dafür gibt.

Giraffen halten untereinander dauernden Kontakt dank ihres bemerkenswerten Scharfblickes und der herausragenden Stellung ihres Kopfes. Die Männchen sind nicht an ein Revier gebunden und leben gemeinsam in Gebieten, die sich überlappen.

Trotzdem regelt eine strenge Hierarchie die Beziehungen zwischen den Einzeltieren; die Jungen und gerade erwachsenen Männchen sichern sich ihren Platz innerhalb der Herde im Verlauf von rituellen Gefechten.

Das Nilpferd scheint recht friedlich. Doch darauf sollte man sich nicht verlassen; dieser Koloss kann im Wasser, aber auch an Land sehr gefährlich werden. Er kann mit einer Ge-

42 oben Manchmal sind mehrere Madenhacker gleichzeitig auf einer Giraffe zu Gast.

42 unten Der lange Hals ist charakteristisch für die Giraffe, doch sie hat, wie die anderen Säugetiere, nur sieben Wirbel, wobei allerdings jeder etwa 40 Zentimeter lang ist! Wenn sich die Giraffe fortbewegt, hilft ihr Hals beim Ausbalancieren: Er verlegt den Körperschwerpunkt nach vorne oder nach hinten.

43 Das Giraffenmännchen kann bis zu 5,8 Meter groß werden. Die Flecken auf dem Fell sind bei jedem Tier verschieden. Ihre Form verändert sich mit dem Alter nicht, aber sie werden mit der Zeit dunkler.

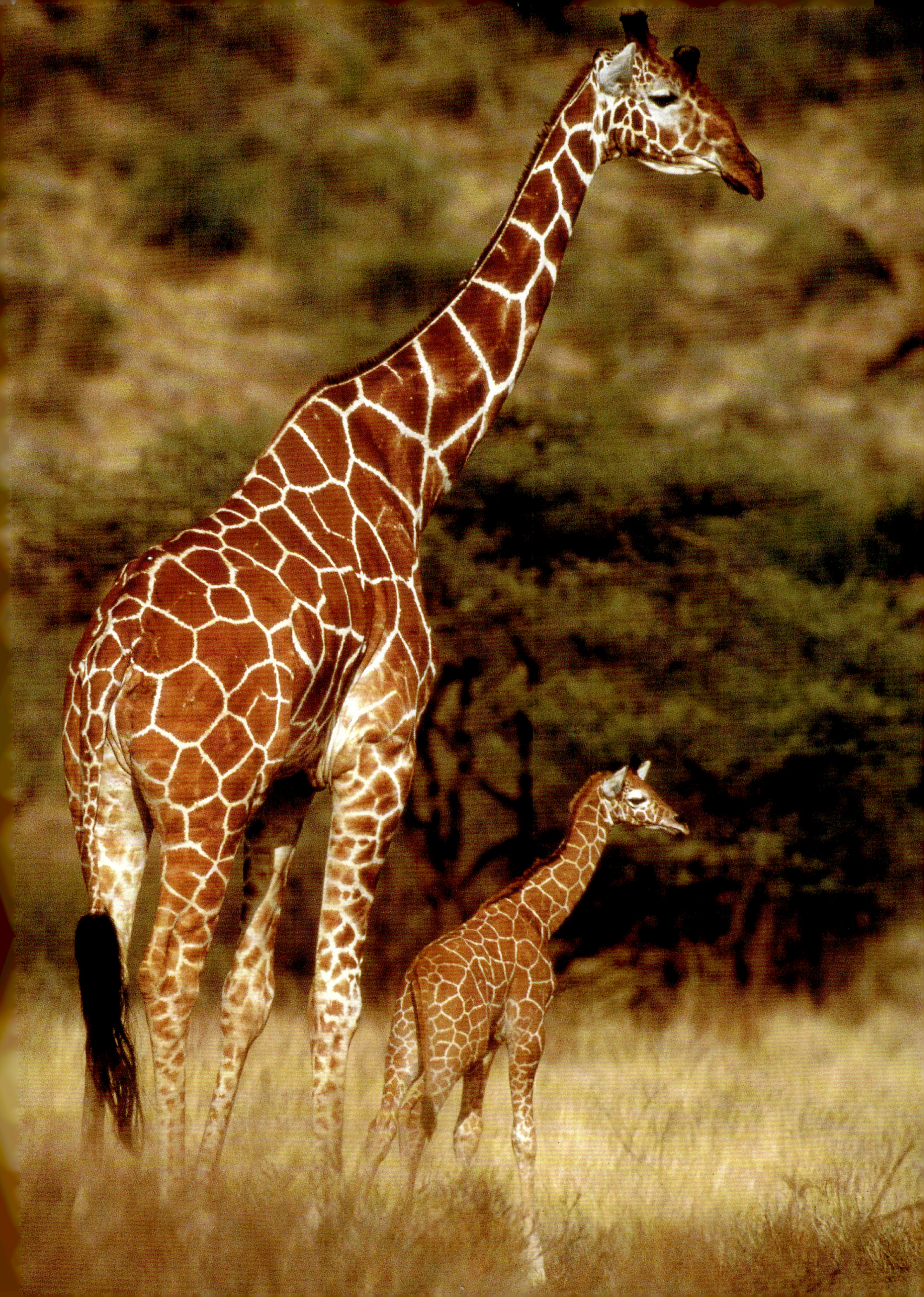

44-45 *Je weiter ein Nilpferd das Maul aufreißen kann, desto höher steht es in der Rangordnung. Nur die dominanten Männchen öffnen ihr Maul über 150°. Dabei werden die mächtigen Eckzähne sichtbar, die bei manchen Männchen 60 Zentimeter lang und 3 Kilogramm schwer werden können.*

45 oben *Der Kampf zwischen den Nilpferdmännchen hat begonnen: Mit geöffnetem Maul tauschen sie heftige Schläge mit dem Kopf aus und versuchen, den Gegner mit den Eckzähnen an Hals oder Bauch zu erwischen. Zum Glück sind die lebenswichtigen Organe durch eine widerstandsfähige Haut und eine dicke Fettschicht geschützt! Alte Männchen sind von Narben bedeckt.*

45 unten *Tumultreiche Konfrontationen, begleitet von Wasserfontänen, anhaltendem Brummen und Pusten, werden nur unter annähernd gleichaltrigen Männchen ernsthaft. Sie werden durch lautes Gebrüll unterstützt.*

46-47 In Gegenden, in denen sehr viele Nilpferde leben, sind unterlegene Männchen manchmal gezwungen, vorübergehend mit kleinen Schlammtümpeln vorlieb zu nehmen. Sie sind dann leichte Beute für Raubtiere.

schwindigkeit von mehr als 45 Stundenkilometern rennen. Seine Gemeinschaftsstruktur baut stark auf das Medium Wasser und auf Exkremente. Nilpferde verbringen den größten Teil des Tages im Wasser; in Gruppen, deren Größe je nach Jahreszeit schwankt. Die ranghöchsten Männchen markieren das Revier: An Land, mit dem Rücken zur Flussböschung verstreuen sie ihren Kot in einem Radius von zwei Metern. Diese Szene scheint die Jungen sehr zu fesseln; sie kommen, um den Kot zu beschnuppern und fressen ihn manchmal auf.

Die Gruppenstruktur ist starr: auf der einen Seite die unreifen Männchen und Weibchen ohne Nachwuchs und weiter weg die Mütter mit ihren Kleinen. Die reifen Männchen postieren sich um die Weibchen und jedes versucht, sich den Badeplatz neben der Angebeteten zu sichern. Jeder Anführer hat seinen Harem. Solange die anderen Männchen und Jungen ihnen gegenüber eine unterwürfige Haltung annehmen, geht alles gut. Aber wenn einer von ihnen nicht in seinen Grenzen bleibt, dann gibt es Ärger: Der Schuldige wird durch Drohgebärden, ein weit geöffnetes Maul oder Angriffe, zur Ordnung gerufen. Dann muss er sich unterwerfen, indem er das Maul des Siegers reichlich mit seinem Kot bespritzt. Jedes Tier, das ins Wasser geht, muss auf diese Weise das Männchen grüßen, dessen Vorrangstellung es anerkennt.

Die Jugendlichen werden mit fünf Jahren aus der Gruppe vertrieben und finden sich in kleineren Klans zusammen. Sie warten bis sie stark genug sind, um die Anführer herauszufordern und Revier und Weibchen zu erobern.

Anders als die meisten Säugetiere, die in Gemeinschaft leben, scheuen diese Riesen risikoreiche Körperkontakte nicht; sie kämpfen auf Leben und Tod.

An Land gibt es kein Verhalten nach Rangordnung. Die benutzten Pfade sind mit Kothaufen markiert. Büsche, Termitenhügel oder Wegkreuzungen dienen als Kotabladeplätze, die zum Teil eine beträchtliche Größe erreichen können. Vor allem die erwachsenen Männchen setzen dort Kot ab und demonstrieren so ihre Vormachtstellung. Dienen diese Duftmarkierungen dazu, territoriale Grenzen abzustecken oder sind sie eine Art Visitenkarte, damit sich die Tiere erkennen können? Diese Frage muss offen bleiben. In jedem Fall gibt es kein anderes Tier, das dem Erledigen seiner Bedürfnisse so viele Funktionen zuweist.

Pavianherden sind sehr groß: 30 bis 80 Tiere gemischten Geschlechts und Alters. Etwa halb so zahlreich wie die Weibchen, aber doppelt so schwer, unterscheiden sich die Männchen durch ihre riesigen Eckzähne und ihre Körpergröße. Sie wachen über die Sicherheit der Schwächeren und während der täglichen Wanderungen verteilen sie sich am

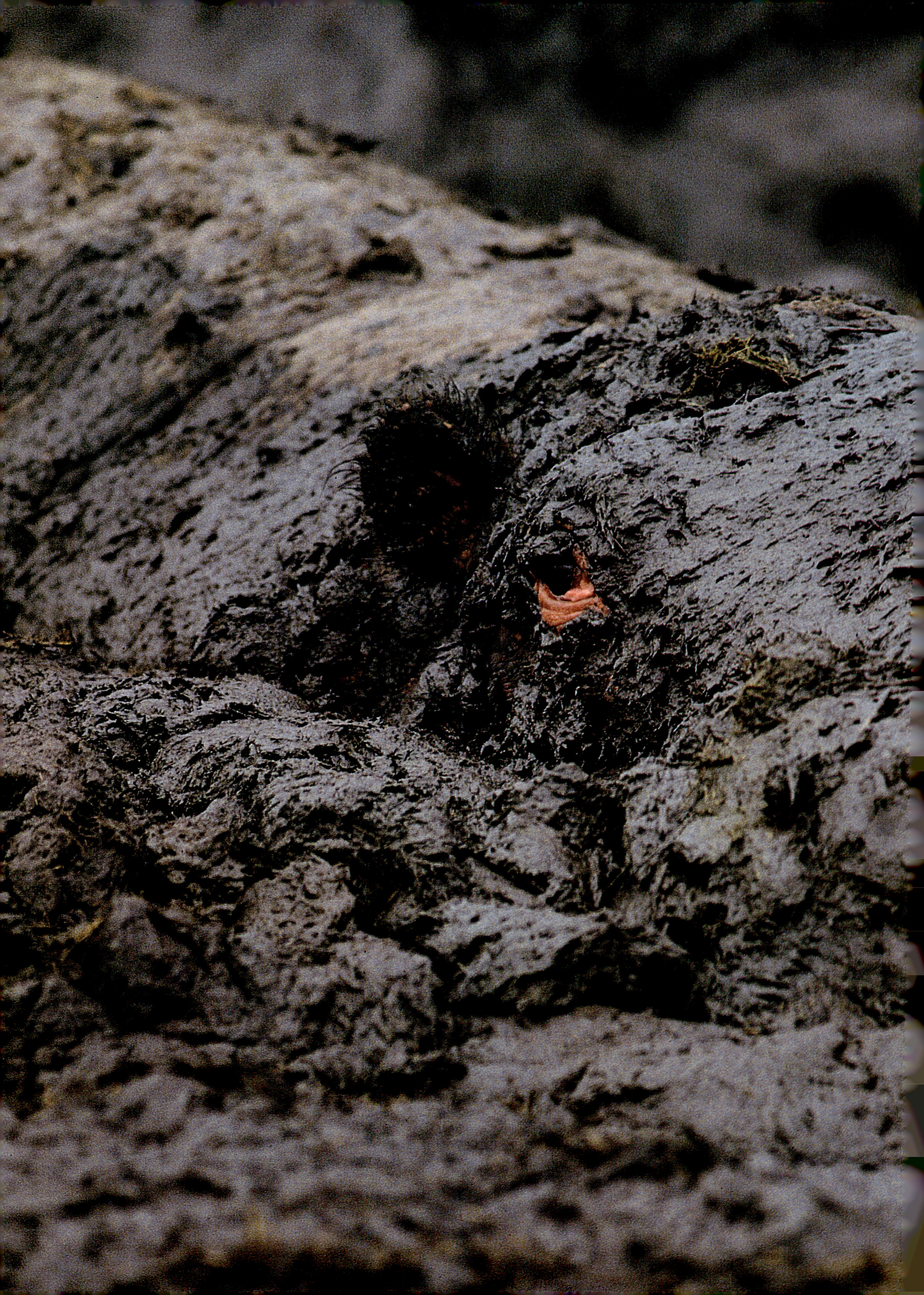

Kopf und am Ende der Herde. Diese Affen haben ein komplexes Sozialleben. Alle Mitglieder einer Herde kennen sich persönlich. In der Herde gibt es, wie bei den Elefanten, Kleinfamilien, die aus verwandten Weibchen und ihren Jungen bestehen mit der ältesten von ihnen an der Spitze. Sie bestimmt die Rangordnung ihrer Gruppe. Die erwachsenen Männchen gehen mehr oder weniger lockere Verbindungen ein, doch der starke Zusammenhalt der Weibchen macht es ihnen möglich, trotz der Kraft der Männchen, ihnen ihren Willen aufzuerlegen. Das junge Weibchen beginnt mit fünf Jahren, sich zu paaren. Sie bleibt in ihrer Geburtsherde. Das junge Männchen ist zur selben Zeit geschlechtsreif, aber es bleibt noch drei Jahre enthaltsam. Meist schließt es sich einer anderen Herde an, sodass es keine Inzucht gibt. Mehrere Monate vergehen, bis es von seiner neuen Herde akzeptiert wird.

Die meisten Grasfresser leben ebenfalls in Herden. Einige Tiere spielen eine besondere Rolle: Es sind Männchen, die ein Revier besitzen. Gnus und Topis sind dafür ein gutes Bei-

48-49 *Die Hyänenhunde leben immer in Rudeln; ein von den anderen getrennter Hund wird vor Trauer jaulen. Als Nomaden durchstreifen sie ein riesiges Territorium und sind schwierig aufzufinden und zu verfolgen.*

49 *Von Tagesanbruch bis zur Dämmerung durchstreift die Pavianherde auf der Suche nach Nahrung ihr Revier. Alle Tiere bleiben zusammen. Abends suchen sie einen Schlafbaum auf.*

50 oben Dieser Büffel hat seine Hörner an einer Gelbfieberakazie gerieben, deren gemahlene Rinde früher den Massai diente, um ihre Kleidung rot zu färben.

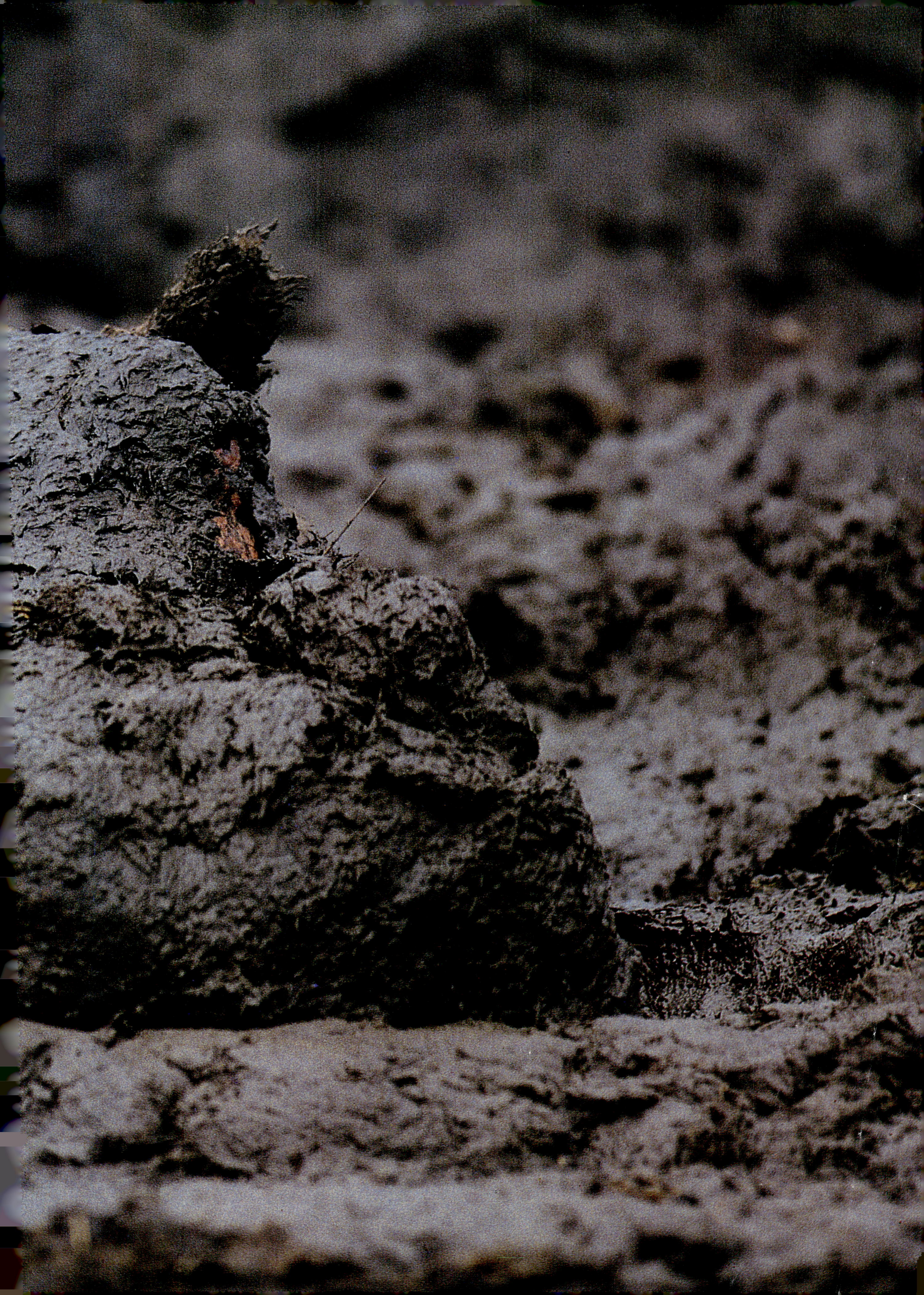

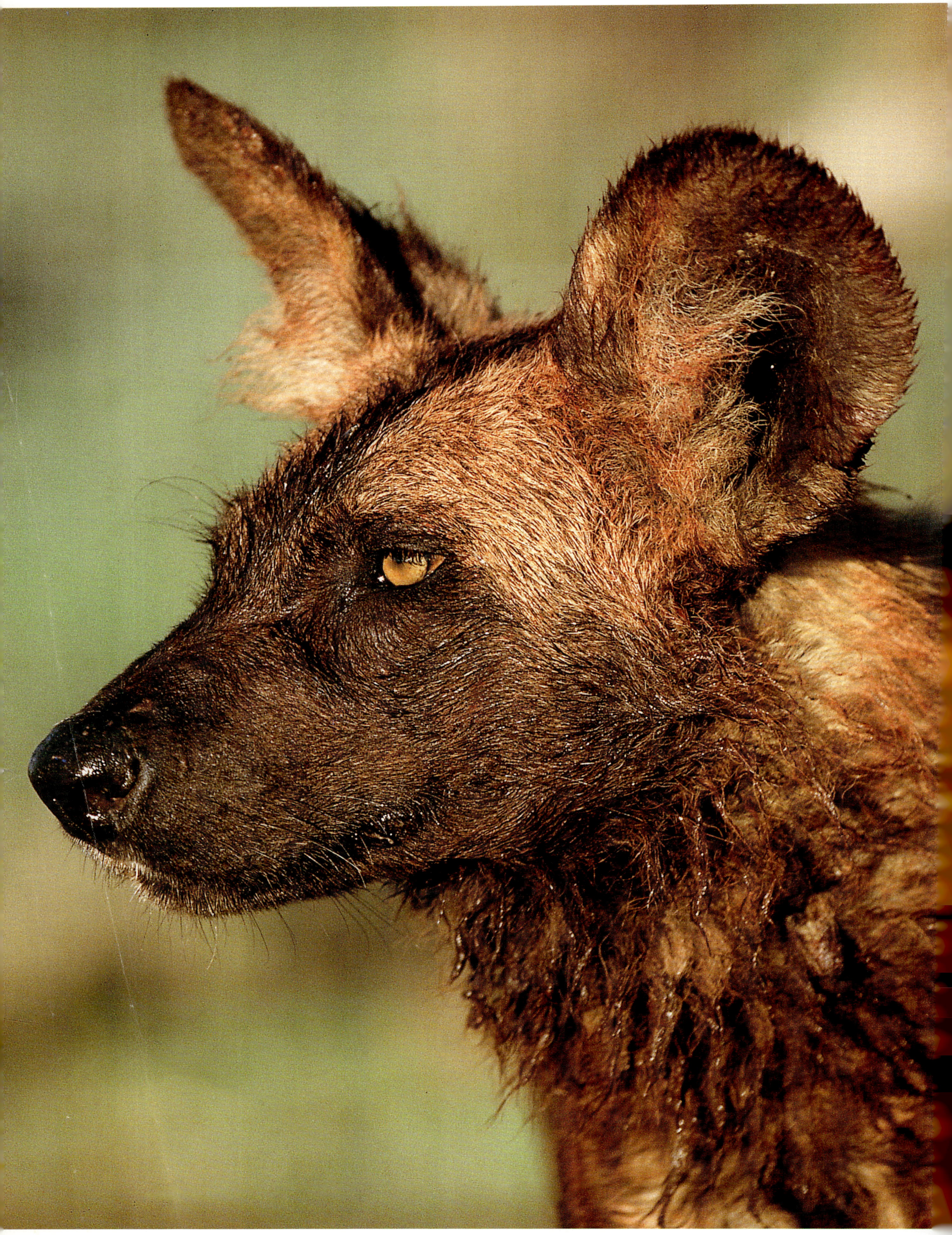

50-51 *Büffelmännchen müssen die Kampfgewandtheit ihrer Rivalen abschätzen. Nachdem sie sich lange beobachtet haben, scharren die Stiere am Boden und schütteln den Kopf, um den Gegner zu beeindrucken. Das reicht normalerweise aus, um den zu vertreiben, der sich schwächer fühlt. Kommt es zum Kampf, was selten der Fall ist, so werden kräftige Schläge mit den Hörnern ausgetauscht, die zu ernsten Verletzungen und sogar zum Tod führen können.*

51 *Büffel sind Herdentiere, die in Kleingruppen von Weibchen mit ihren Jungen leben. Mit ein bis zwei Jahren verlassen die Männchen ihre Mütter und tun sich mit anderen Jungtieren zusammen, während die jungen Weibchen bei ihrer Geburtsherde bleiben.*

spiel. Im Mai sind die Wanderherden der Gnus aus der Serengeti eng zusammengedrängt und genießen das kurze Gras der Steppe, die sie bald verlassen werden. Auch wenn es anders aussieht, die Masse ist relativ gut organisiert in Verbänden von zehn oder hundert Tieren. Ab und zu fallen einige Tiere mit stolz erhobenem Kopf auf, die „Reviermännchen". Sie sind die einzigen, die sich paaren, indem sie die Weibchen auf ihr Territorium locken und anderen Männchen den Zutritt verweigern. In nur drei Wochen werden 90 % der Weibchen, das heißt etwa 400 000 Tiere „besamt".

Die Reviermännchen müssen ihr Gebiet ständig an den Ortswechsel der Wanderung anpassen. Wenn die Herden anhalten, um zu grasen oder sich auszuruhen, dann machen die Männchen ihre Rechte geltend, indem sie verhindern, dass die Weibchen die Gruppe wechseln und indem sie Männchen ohne Revier verdrängen. Das heißt, sie liefern sich dauernd Gefechte, in denen sie sich gegenüberkniend ihre Hörner mit Schwung aufeinander schlagen. Diese Verhaltensweise dient der Arterhaltung: Unreife Männchen und Männchen ohne Revier werden von der Fortpflanzung und den besten Weidegründen ausgeschlossen, die sie dann den Weibchen und Jungen nicht streitig machen. Allerdings stehen sie so unter dem Druck der Raubtiere. Ihre auffälligen Bewegungen ziehen deren Blicke auf sich und sie verlieren wertvolle Sekunden bevor sie sich zum Verlassen ihres Reviers entscheiden, zudem werden sie durch die unaufhörliche Bewegung müde.

Auch das Topi ist ein Herdentier. Seine Reviergröße hängt vom Nahrungsreichtum ab. Die Männchen versammeln drei bis zwanzig Weibchen mit Jungen um sich. Um ihr Territorium abzugrenzen, verteilen sie Kot und Ausscheidungen auf dem Gras oder auf Termitenhügeln, auf denen sie gerne Wache halten. Sie halten andere Männchen fern, die Alleinstehenden-Klans bilden. Die Grasfresser ziehen auf der Suche nach besserer Nahrung als große Herden weiter und stehen dann zu Tausenden dicht gedrängt auf kleinen Flächen. Manchmal müssen die Männchen nur Parzellen von 25 Meter Durchmesser statt zehn Hektar verteidigen und schaffen es dennoch nicht, die Weibchen darin zu halten!

Zum Schluss wollen wir diese Galerie nicht beenden, ohne vom Strauß zu reden. Einige Männchen der Gattung erreichen 2,75 Meter Höhe und ein Gewicht von 150 Kilogramm. Dieser komische Vogel ist flugunfähig, doch seine Anpassung an das Leben in der Ebene ist vollkommen. Er macht Riesenschritte von drei Metern und bedient sich seiner Flügel, um zu bremsen und die Richtung zu wechseln! Die Strauße spazieren in Gruppen einher, in denen die Weibchen in der Mehrzahl sind. Aufgrund ihrer Größe können sie die Umgebung gut überwachen. Eine solche Lage, verbunden mit einem ausgesprochen gut entwickelten Gehör und Gesichtsfeld machen aus dem Strauß, wie den Giraffen, Wachposten der Savanne, und die Antilopen teilen gerne mit ihnen die Weiden.

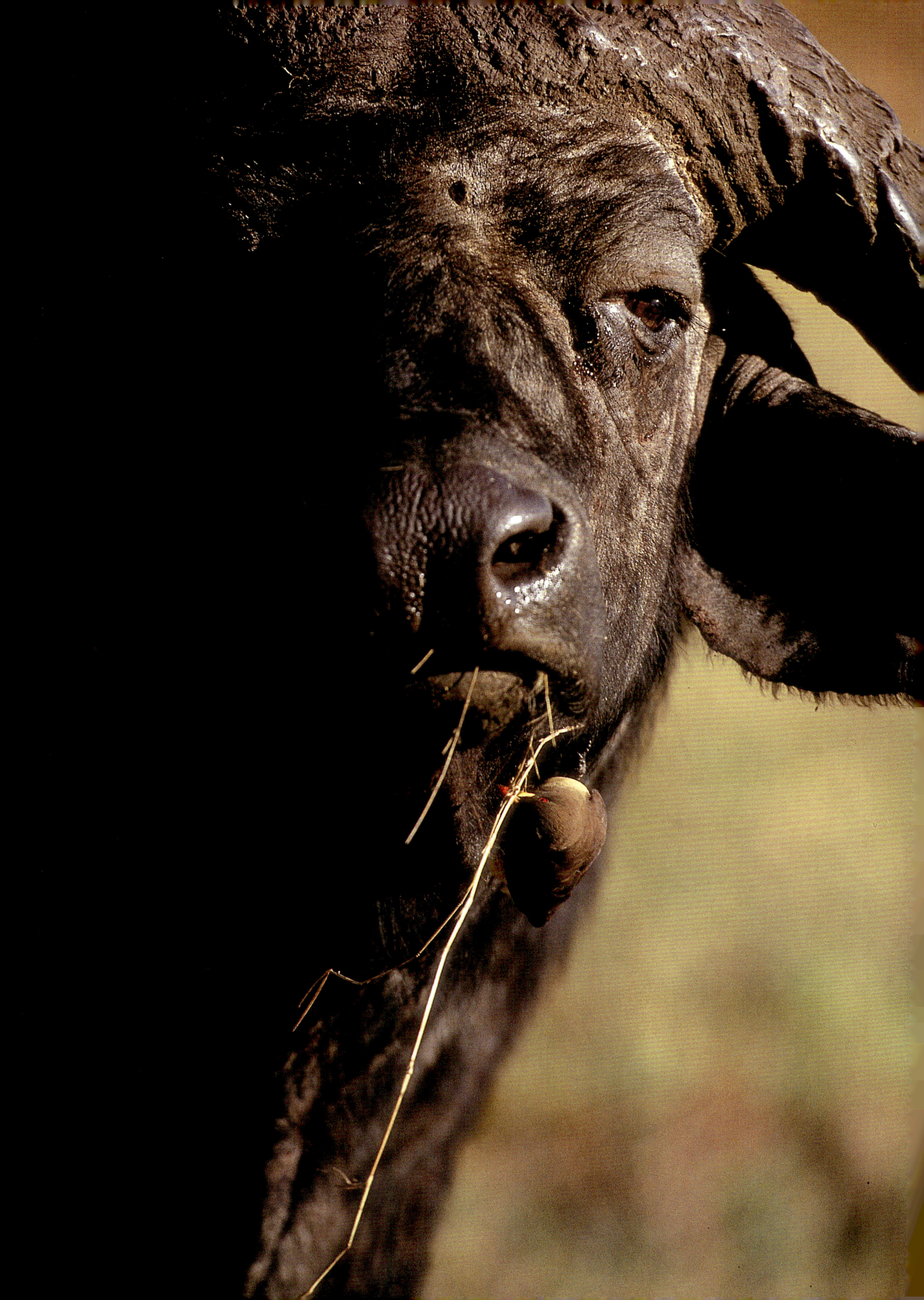

52 und 53 Die Madenhacker besitzen kräftige und scharfe Krallen, einen starren Schwanz und kurze Beine, sodass sie auf den Körper von Grasfressern wie dem Büffel klettern und sich dort festhalten können. Ihr schmaler Schnabel wird wie eine Schere benutzt, um die Nahrung herauszuholen: Parasitäre Insekten, die auf Grasfressern leben und das tote Gewebe von Verletzungen umgeben. Auf diese Weise sichern sie die „Desinfektion" der Wunden.

54

54 oben links *Der Defassa-Wasserbock ist ein massives Tier mit langem, rotbraunem Fell, das mit einem fetten, stark riechenden Sekret imprägniert ist. Die Kruppe trägt einen großen weißen Fleck. Der Defassa-Wasserbock lebt in Waldgegenden mit einer Wasserstelle oder in Sümpfen.*

54 oben rechts *Antilopen mit hellem, dichtem Fell wie diese Kuhantilope können selbst über Mittag in der prallen Sonne bleiben; dunkel gefärbte Tiere müssen Schatten aufsuchen.*

54-55 *Impalas sind mit die graziösesten Antilopen der Savanne. Sie sind zu beeindruckenden Sprüngen fähig: bis zu 3 Meter hoch und 11 Meter weit. Dominierende Männchen versuchen, einen Harem von Weibchen in ihr Revier zu locken und darin zu halten. Während der Brunst finden oft Kämpfe zwischen Männchen statt.*

55 oben *Die Hörner der kleinen Impalamännchen brechen mit zwei Monaten durch. Mit sechs Monaten sind sie entwöhnt und verlassen ihre Mutter mit etwa einem Jahr.*

55 unten *Die Oryx ist perfekt an die Halbwüste angepasst. Sie hat lange, spitz zulaufende Hörner von über einem Meter Länge, und ein erwachsenes Tier ist in der Lage, einen Löwen zu töten.*

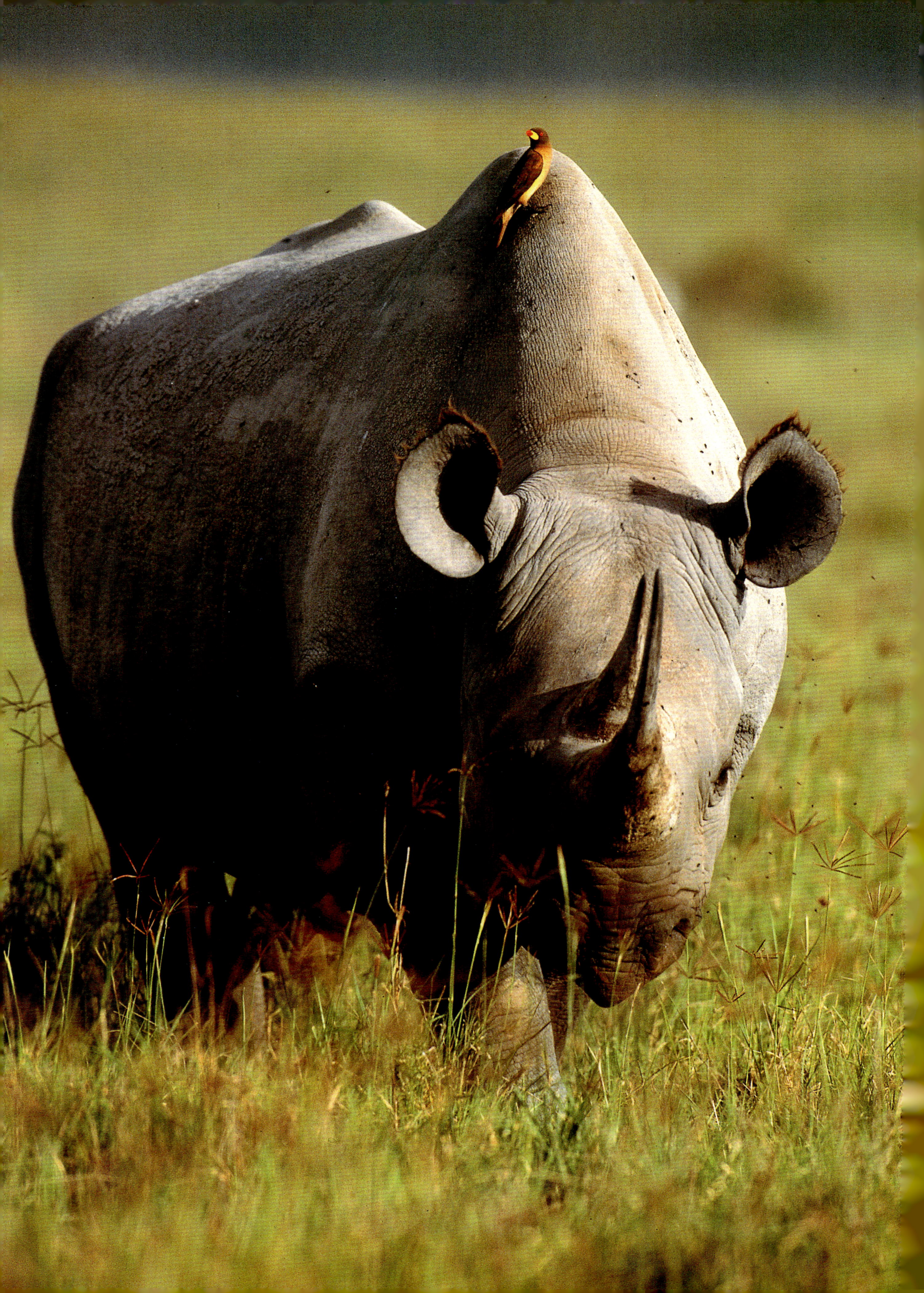

56 *Das Spitzmaulnashorn ist ein Einzelgänger. Oft sind die Madenhacker seine einzigen Begleiter. Sie befreien seine Haut von Parasiten und dienen als Wache, wenn es schläft.*

57 oben *Die Hörner des Nashorns bestehen aus Keratin wie Nägel und Haare beim Menschen und sie haben keinen Knochen als Stütze. Die Dickhäuter fressen Zweige, Blätter und Rinde von Büschen, die sie mit ihrer tastenden Oberlippe zu sich ziehen.*

57 unten *Das Spitzmaulnashorn markiert sein Revier mit Kot, den es mit seinen Hinterbeinen verstreut. Die häufigsten Zusammenstöße, die man bei dieser Art beobachten kann, betreffen ein Männchen und ein Weibchen. Letzteres gibt sich meist unnahbar und für das Männchen gibt es kein romantisches Brautwerben: Grunzen, Attacken, Schläge mit dem Kopf und dem Horn, Scharren am Boden, Kotabsondern und Urinstrahl sind ein Teil davon.*

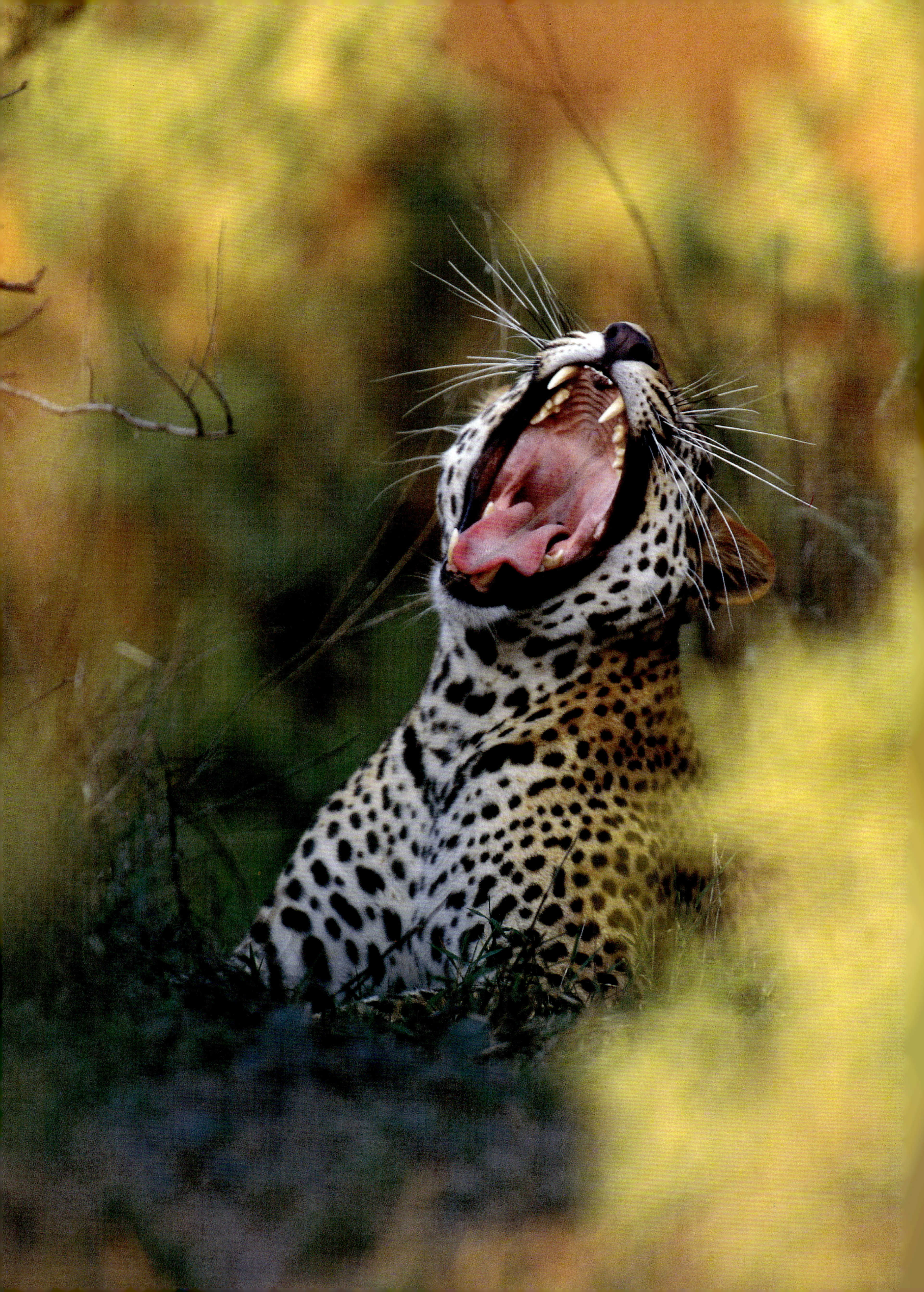

58 Mit seinen langen, scharfen Eckzähnen kann der Leopard einem kleinen Beutetier sauber und präzise den Gnadenbiss geben.

59 Das Weibchen streckt sich, bevor es sein Revier durchläuft. Es ist rollig und die Markierungen, die es hinterlässt, sind gleichzeitig Einladungen an die Männchen, deren Reviere angrenzen. Um ihre Chancen einer Zusammenkunft zu erhöhen, ruft sie laut. Wenn sich ein Männchen für ein paar Tage anschließt, jagen sie zusammen und paaren sich. Dann geht jeder wieder seiner Wege.

60 oben *Das Verbreitungsgebiet des Leoparden ist riesig. Man findet ihn, außer in den großen Wüstenregionen wie der Sahara, auf dem gesamten afrikanischen Kontinent, in Vorder- und Kleinasien und auf den indonesischen Inseln.*

60 unten *Der Leopard versieht die Grenzen seines Revieres, vor allem Baumstämme mit Zeichen, die seine Artgenossen über Geschlecht, Alter und sexuellen Zustand informieren. Diese Hinweise halten tagelang an, und reduzieren die Gefahr eines Zusammentreffens und Kampfes von zwei Männchen.*

61 *Der Leopard ist mit seinem prächtigen Fell, seinem eleganten Körper, seinen geschmeidigen Bewegungen und seinen unglaublichen Augen eine der schönsten Wildkatzen. Diese Schönheit mussten tausende von Tieren teuer bezahlen. Erst seitdem der Handel mit seinem Fell verboten wurde, hat die Wilddieberei beträchtlich abgenommen.*

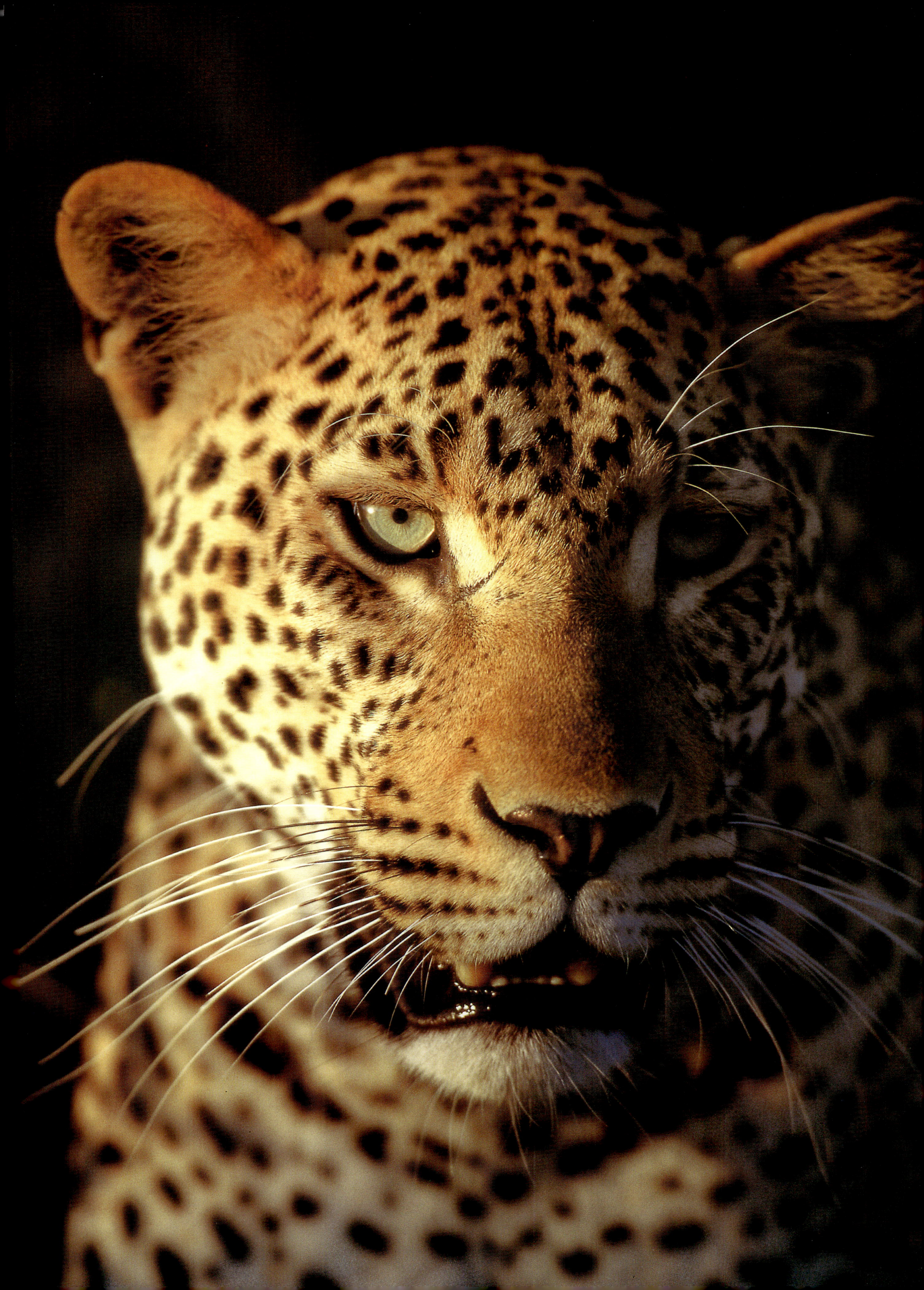

62 oben Der Pelikan ist ein Herdentier. Er gehört einer der wenigen Gattungen an, die kollektives Fischen betreiben: Gemeinsam tauchen sie ihre Schnäbel ins Wasser, um die Fische zu fassen, die in ihrem Kreis gefangen sind. Der breite Schnabel dient als Netz, aber nicht wie oft geglaubt wird als Transportmittel für Nahrung.

62 unten links Der afrikanische Sattelstorch ist die größte dort lebende Storchart. Er frisst Fische und Frösche. Manchmal wirft er seine Beute in die Luft bevor er sie schluckt. Das Männchen hat braune Augen, das Weibchen gelbe.

62 unten rechts Von den afrikanischen Geiern ist der Lappengeier der größte. Man kann ihn gut erkennen an seiner Größe, seinem völlig kahlen Kopf und seinem kräftigen Schnabel, der die Haut von Kadavern zerfetzen kann.

63 Felsengeier nisten in Felsen oder Schluchten in Kolonien. Deshalb müssen sie häufig weite Distanzen zurücklegen, um den Herden zu folgen.

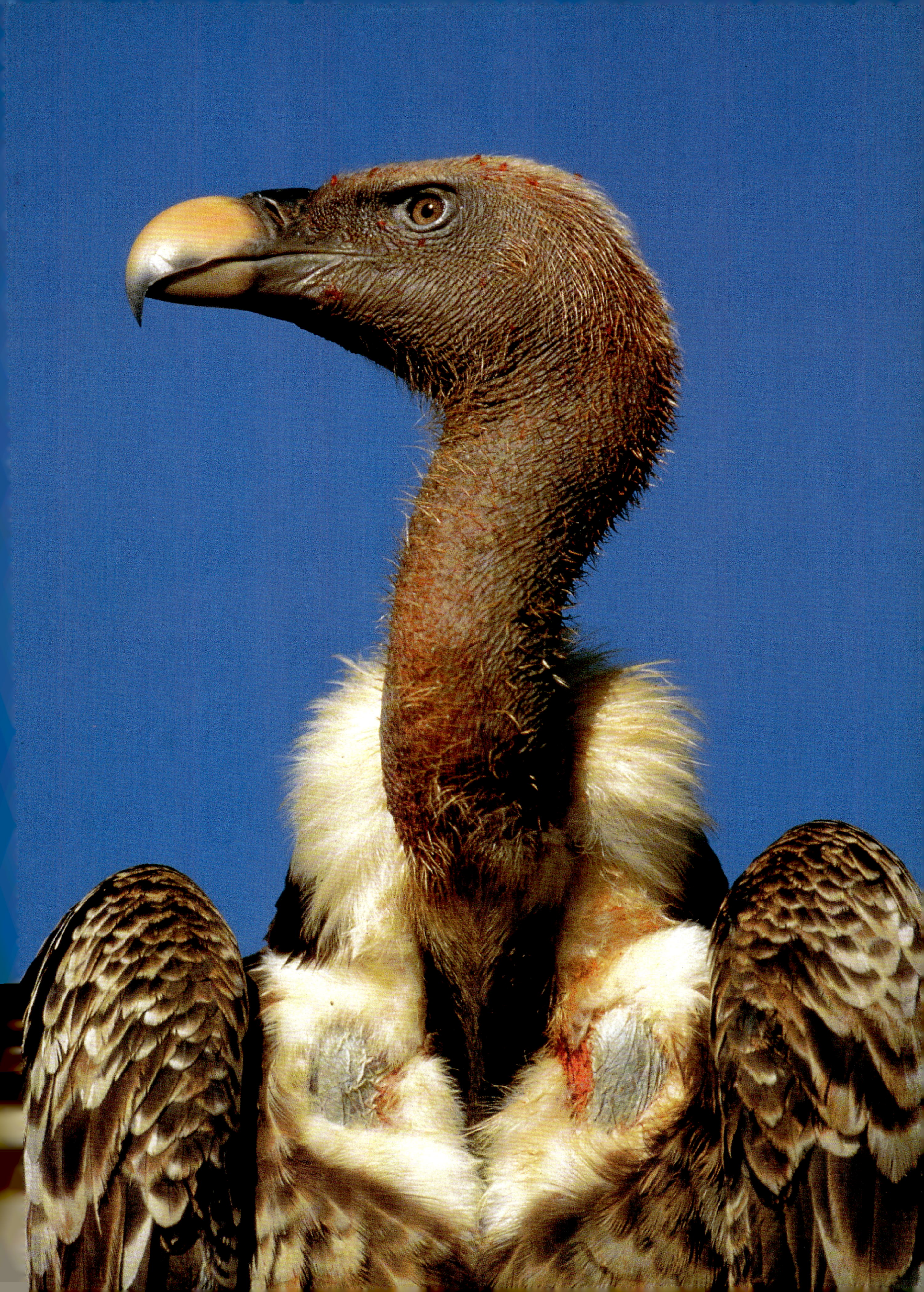

64-65 *Der Brauttanz der Kronenkraniche ist spektakulär. Das Paar wechselt sich mit zahlreichen Tanzfiguren ab, die Sprünge bis zu 2,5 Meter enthalten.*

65 oben links *Die Schreie der brünstigen Straußenmännchen lassen ihren oberen Hals anschwellen. Sie tanzen vor den Weibchen und paaren sich anschließend.*

65 oben rechts *Der Kuhreiher lebt im Verband mit Vieh oder bestimmten Grasfressern, wie den Büffeln oder den Elefanten. Er sitzt auf großen Tieren, um die Umgebung zu beobachten und ernährt sich von Insekten und Kleintieren, die von ihnen aufgescheucht werden.*

In Zeiten der Brunst hört man nachts tiefes Brüllen: Es sind die Männchen, die ein Hochzeitsrevier ausgesucht haben; sie brüllen, um die Weibchen in ihr Revier zu locken und um anderen Männchen klarzumachen, dass dieser Ort in ihrem Besitz ist. In dieser Zeit neigen die Gruppen und Familien dazu, auseinander zu gehen und die fortpflanzungsfähigen Erwachsenen schließen sich nach Geschlecht zusammen. Die Kämpfe unter den Männchen können brutal werden und die Verletzungen, die sie sich mit dem Nagel der Mittelzehe zufügen sind manchmal tief. Wenn Gruppen aufeinander treffen, vollführen die farbenprächtigen Männchen spektakuläre Paraden der Verführung, eine Art von Tanz, der etwa zehn Minuten dauert. Oft ist es das Weibchen, das den Auserwählten bestimmt und sie setzt dann auch zum Tanz an. Danach entfernen sich die Vögel zur Paarung. Wenn die Populationen groß sind, ist das Männchen polygam und schließt sich mit drei oder vier anderen Weibchen zusammen. Jede trägt zum Nest bei und legt sechs bis acht Eier; eines alle zwei Tage. Nur das dominierende Weibchen, die Ersterwählte, brütet die Eier aus und zieht mit dem Männchen die Jungen groß; die anderen Weibchen haben nur zum Eierlegen gedient.

65

DIE KINDERSTUBE

Wenn die Sonne im Zenith steht, und die Savanne unter der drückenden Hitze zu dösen scheint, dann ist es Zeit für viele Antilopen-, Gazellen- oder Impalaweibchen, abseits der Herde ihre Jungen zur Welt zu bringen. Die Mutter frisst sofort die Plazenta, säubert ihr Kleines und entfernt es einige Meter, um zu verhindern, dass der Boden, der den verdächtigen Geruch der Geburt trägt, Feinde anlockt. Das Neugeborene bleibt gut versteckt alleine. Seine natürliche Tarnung ist so perfekt, dass wir im Serengeti-Grasland mehrmals mit unserem Fahrzeug fast über ein Thomsongazellenbaby, das sich gegen den Boden drückte und völlig unbeweglich blieb, gefahren wären. Ihr Fell ist dunkler als das der Erwachsenen und verschmilzt vollkommen mit dem Boden! Mehrmals am Tag besucht die Mutter das Kitz und lässt es trinken: Sie säugt es jedesmal einige Meter von der Stelle entfernt, an der es sich versteckt und führt es danach wieder dorthin zurück. Das Kitz schließt sich der Herde erst an, wenn es schnell genug rennen kann, um bei Gefahr mit den Erwachsenen zu flüchten, denn Flucht ist sein einziger Schutz gegen die zahlreichen Fressfeinde: Wildkatzen, Hyänen, Schakale, Paviane, Adler, Geier ...

Die Gnus verhalten sich anders: Die trächtigen Weibchen versammeln sich unter freiem Himmel, um die Umgebung besser überwachen zu können. Bei Gefahr können sie sogar die Geburt verschieben! Die Neugeborenen kommen morgens zur Welt. Während der Wochen, in denen die Geburten stattfinden, sind die Grasländer mit kleinen Kälbern übersät, die, gerade mal fünf Minuten alt, unter dem wachsamen Auge ihrer Mutter kämpfen, um auf die Beine zu kommen. Andere Erwachsene schirmen sie ab und überwachen ihre ersten Schritte. Die erstaunliche Übereinstimmung der Geburten – 80 % der über drei Jahre alten Weibchen werfen innerhalb von drei Wochen, meist im Januar, ihr Junges – erlaubt es vielen Neugeborenen, zu überleben, denn von einem solchen Überfluss an leichter Beute sind die Fressfeinde bald gesättigt. Die 20 %, die außerhalb dieses Zeitraumes zur Welt kommen, sind zum Tode verurteilt.

66 oben *Das Leopardenweibchen verbringt mit den Kleinen in den ersten Tagen nach der Geburt so viel Zeit wie möglich. Es wärmt sie mit seinem Körper und wäscht sie, indem es sie ableckt. Seine Spucke gibt unter Sonneneinstrahlung Vitamin D frei.*

66 unten *Ein Wurf kann ein bis sechs Junge umfassen, aber die meisten sterben innerhalb der ersten Stunden und es kommt vor, dass die Mutter gierig nach Proteinen die Kadaver auffrisst. Ein Neugeborenes wiegt zwischen 500 und 800 Gramm. Das ist relativ wenig, doch nimmt es rasch zu; ein erwachsenes Männchen wiegt etwa 60 Kilogramm.*

67 *Selbst wenn der Leopard hauptsächlich nachtaktiv ist, nimmt die Mutter ihr Kleines aus dem Versteck mit in die wärmende Sonne. Der Schwanz des Weibchens ist das erste Spielzeug des Leopardenbabys. Wenn es der Mutter reicht, zieht sie sich etwas weiter auf einen Baum zurück, wohin ihr das Kleine nicht folgen kann.*

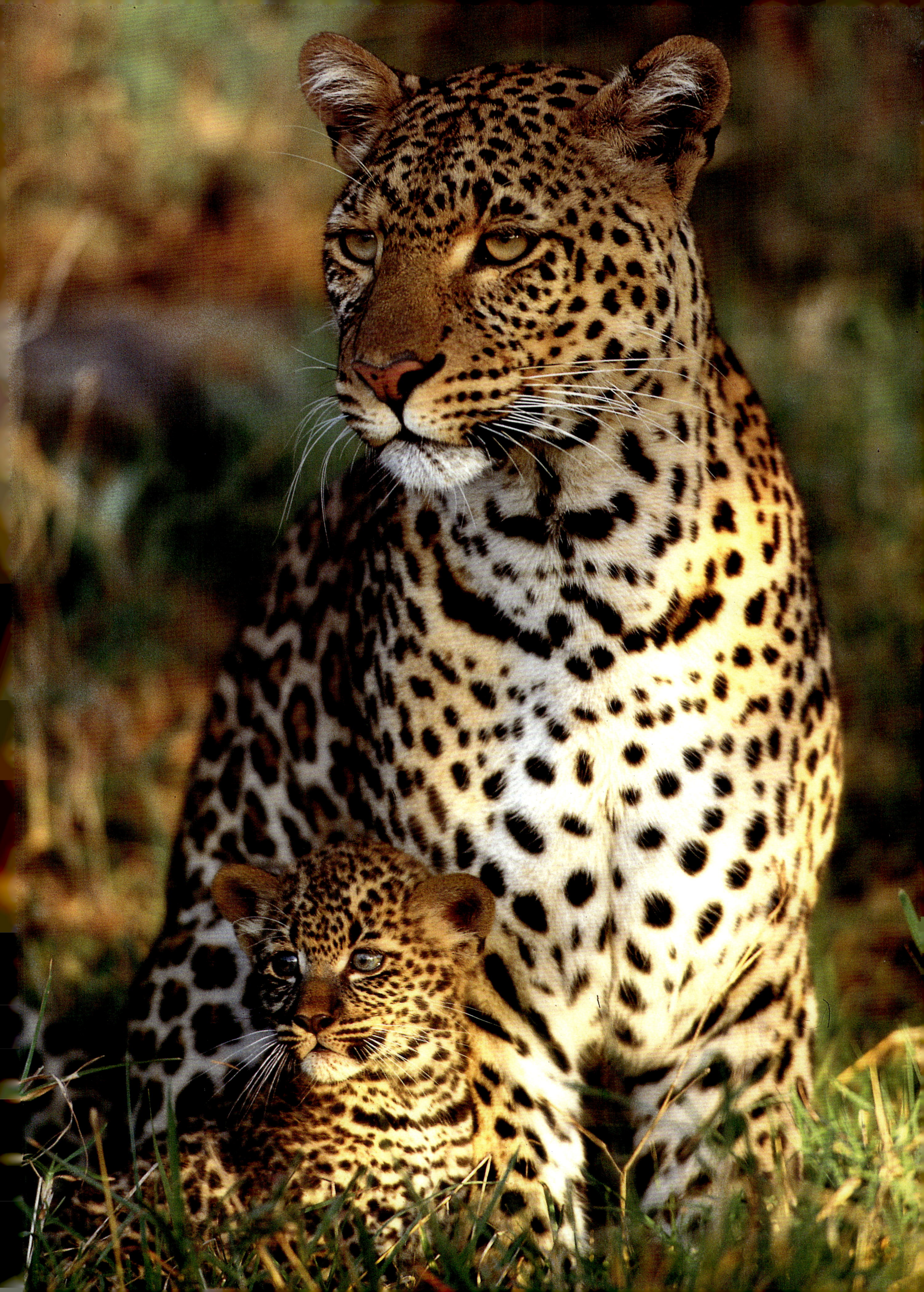

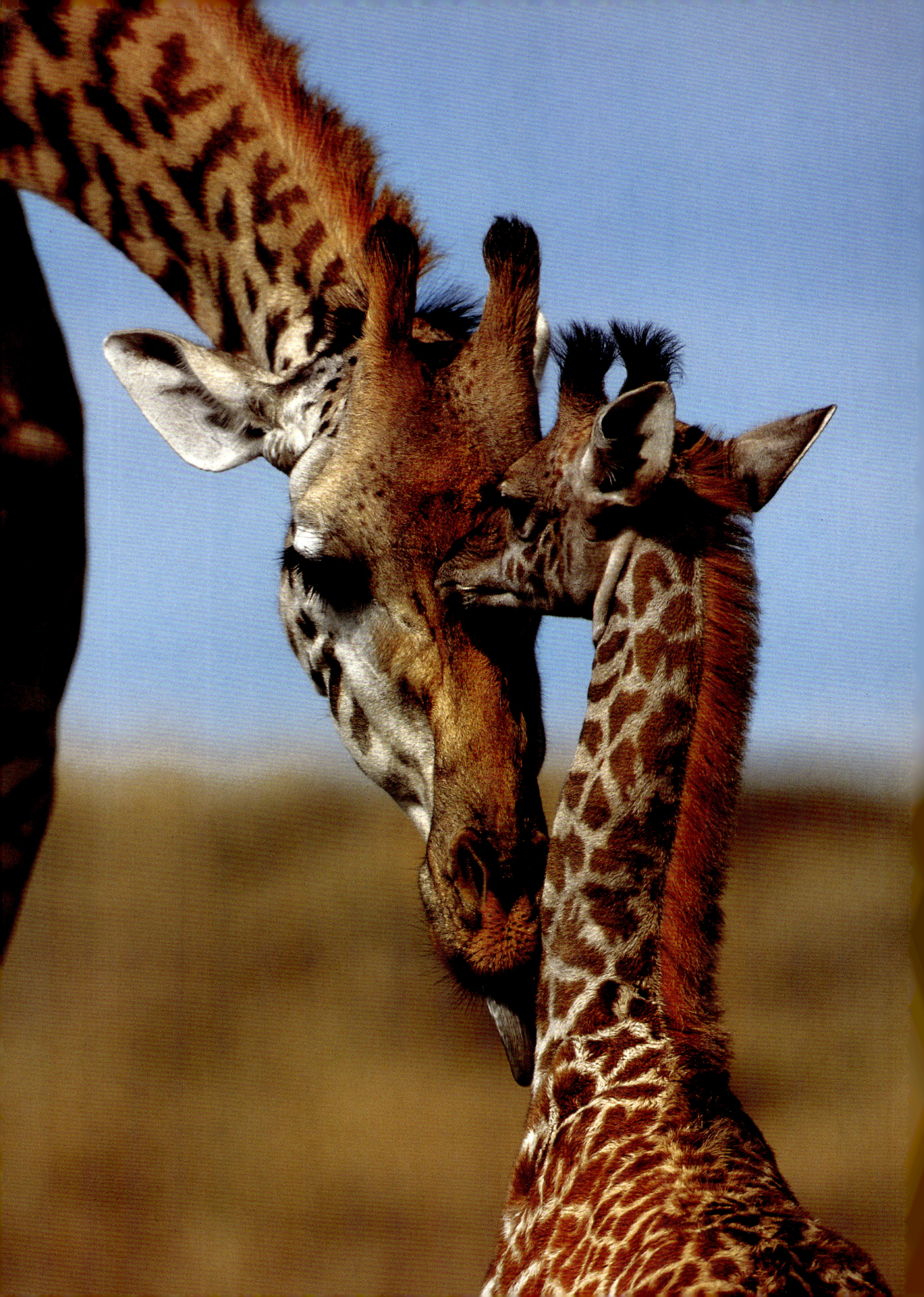

Auch Zebras werden sehr häufig im Morgengrauen geboren. Die ganze Familie ist anwesend und nimmt Anteil an dem freudigen Ereignis! Die Entwicklung des Zebrajungen geht, wie bei allen Grasfressern, sehr rasch voran: Nach zwei Stunden steht es bereits und kann seiner Mutter im Schritt folgen. Nach zwei weiteren Stunden ist es in der Lage, zu saugen, zu traben und sogar zu galoppieren. Das ist sein Einsatz für das Überleben! Während der ersten zehn Tage seines Lebens werden die anderen Erwachsenen auf Distanz gehalten. Die Mutter lässt nur einen großen Bruder oder eine große Schwester näher. Aber wenn Gefahr droht, wird es von der ganzen Herde beschützt. Oft haben wir gesehen, wie erwachsene Zebras den Angriff von Hyänenhunden auf ein Junges abgewehrt haben, wenn dieses nur stark genug war, um schnell und lange zu rennen. Schlimmer noch ist, dass das gebärende Weibchen auch eine leichte Beute für Hyänen und Löwen ist. Aus diesem Grund bleibt die Giraffe trotz ihrer Größe stehen, um ihr Junges zu gebären. Eines Abends im Masai-Mara, sahen wir eine Giraffe, die uns seltsam erschien; zitternd hielt sie sich abseits ihrer Gefährten. Der Grund für dieses Verhalten ist einfach: Zwei kleine Beine schauen aus ihrem Hinterteil! Plötzlich erscheint der Kopf des Giraffenjungen; von seinem Gewicht gezogen, gleitet das Baby zu Boden. Die Fruchtwasserblase platzt und die Nabelschnur reißt bei diesem Sturz aus fast zwei Metern Höhe! Das Kleine bleibt am Boden ausgestreckt und hat in den ersten Minuten noch nicht die Kraft, seinen Hals zu heben. Seine Mutter leckt es am ganzen Körper mit kräftigen Zungenstrichen und flößt ihm so Lebensenergie ein. Dennoch braucht es etwa eine Stunde, um auf seinen langen Beinen stehen zu können. Dann drückt es sich gegen die Beine seiner Mutter und erreicht die Zitzen. Aber inzwischen ist es Nacht geworden. Die Geburt hat spät am Nachmittag stattgefunden und die Löwen sind nicht weit. Gerade da tauchen zwei Löwinnen auf. Die Mutter stellt sich zwischen sie und ihr Junges und teilt mit ihren Vorderhufen laut hallende Schläge aus. Aber eine der Löwinnen schafft

68 *Zärtlichkeitsbeweise zwischen Mutter und Kind sind bei den Giraffen selten. Diese zögert nicht, ihr Kleines alleine zu lassen, wenn sie auf Nahrungssuche geht. In der Serengeti gibt es oft Gruppen kleiner Giraffen, die eine Kinderkrippe bilden.*

69 *Bei der Geburt misst das Giraffenbaby bereits 2 Meter und wiegt ca. 60 Kilogramm; was es nicht daran hindert, in den ersten Monaten täglich 3 Zentimeter zu wachsen! Es muss nicht oft trinken, da die Milch seiner Mutter sehr nahrhaft ist.*

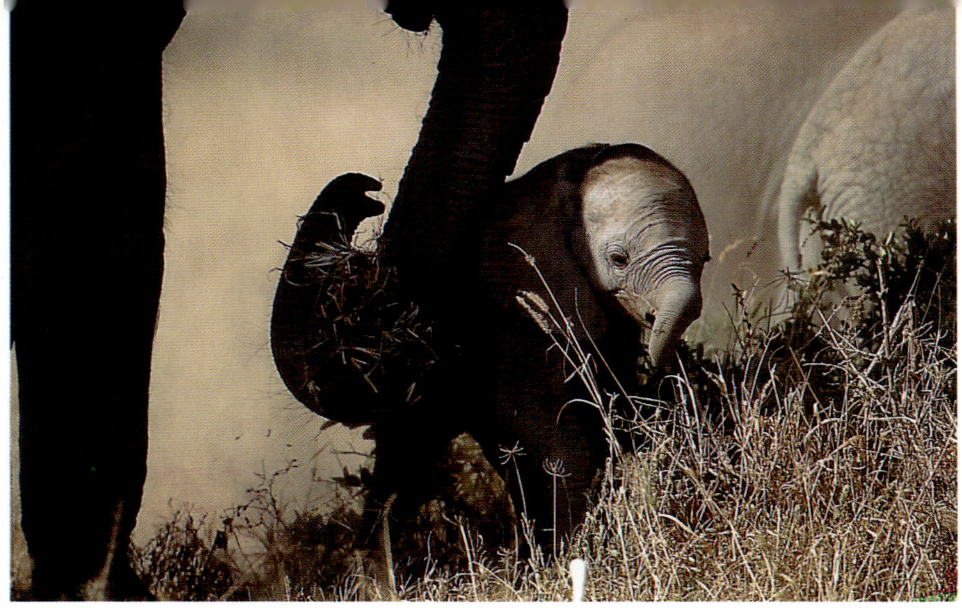

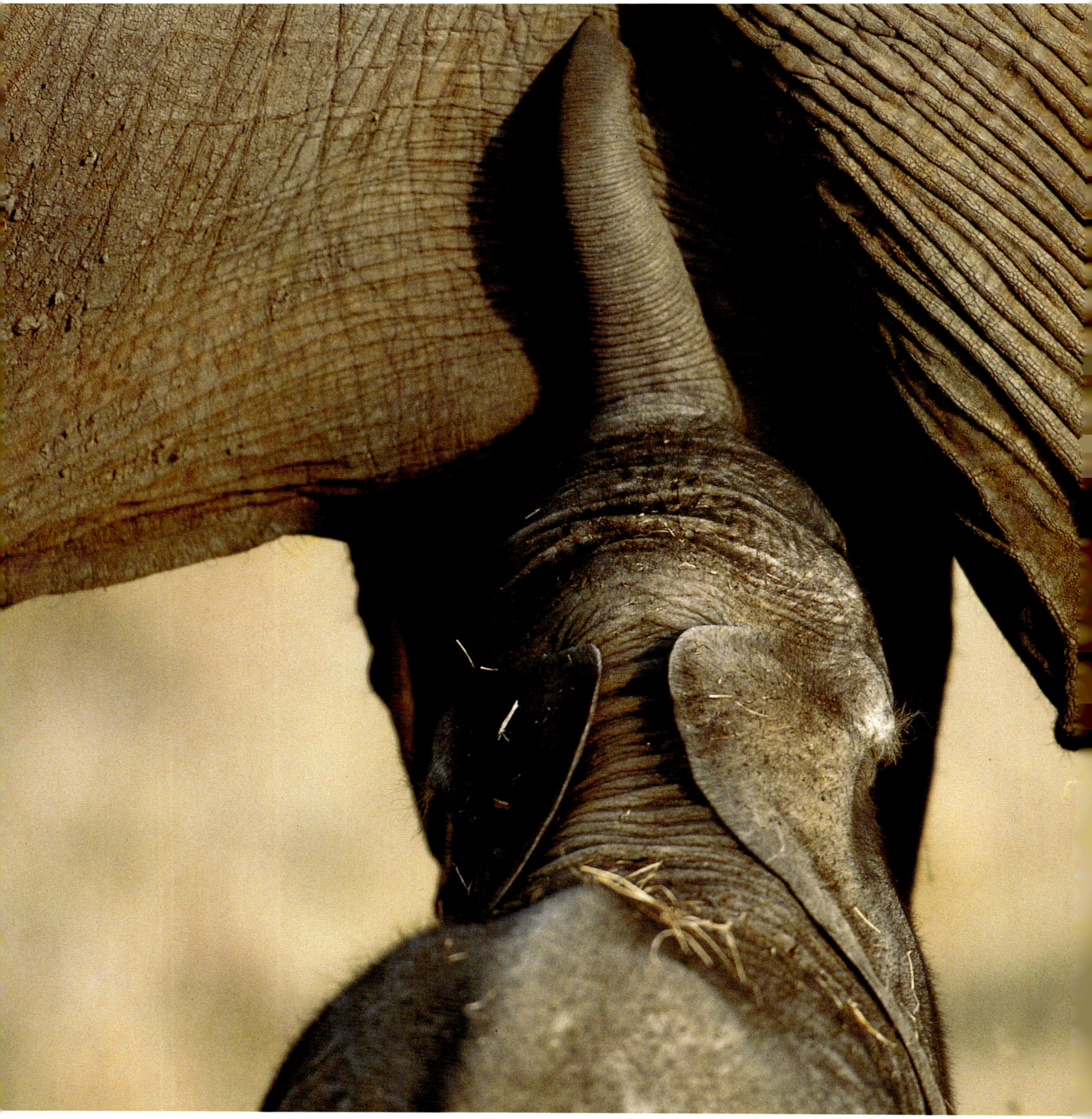

es, dem Neugeborenen einen Schlag mit der Pfote zu verpassen, sodass es fällt und sich nicht wieder aufrichten kann. Schon eine Stunde lang versucht seine Mutter, es zu verteidigen und nun scheint sie es leid zu werden; sie entfernt sich sogar ein paar Meter von ihm, um zu fressen. Die Raubkatzen müssen sich nur noch bedienen ...

Nicht nur bei den Grasfressern sind Neugeborene eine leichte Beute für Raubtiere. Babys von Raubkatzen und Hyänen sind auch deren Opfer und müssen außerdem die erwachsenen Männchen ihrer eigenen Art fürchten. In ihren ersten Lebenswochen werden sie deshalb von ihren Müttern versteckt gehalten. Um zu verhindern, dass die Kleinen durch ihren Geruch auffallen, werden sie regelmäßig, eines nach dem anderen, im Maul der Mutter in ein neues Versteck oder in einen neuen Bau getragen.

Die Erwachsenen müssen sich nicht nur um die Sicherheit und den Schutz ihrer Nachkommenschaft kümmern, sondern auch für ihre Erziehung sorgen. Die Kleinen bis zur Selbstständigkeit zu führen, ist eine schwere Aufgabe, besonders wenn die Mutter alleine dafür zuständig ist, wie bei Geparden oder Leoparden. Bei diesen beiden Wildkatzen bleibt das Männchen nur für die Zeit der Paarung beim Weibchen. Danach nimmt dieses wieder sein Einzelgängerdasein auf. Wenn die Jungen geboren sind, muss das Weibchen sie ohne Überwachung alleine lassen, um jagen zu gehen. So sind die Gepardenbabys nur in einer Kuhle oder hinter einem Busch versteckt und eine Büffelherde kann sie zertrampeln, ohne es zu merken. Wenn die Jungen beginnen, außer Muttermilch etwas anderes zu sich zu nehmen, muss die Mutter nicht nur ihren eigenen Hunger stillen, sondern auch den Bedarf der Jungen decken. Das Gepardenweibchen muss dann jeden Tag jagen, während es für sich nur alle zwei bis drei Tage auf die Jagd geht.

Für die Arten, in denen Gemeinschaft die Basis der Gesellschaft ist, gestaltet sich die Verteidigung und die Erziehung der Jungen ganz anders. Bei den Nilpferden zum Beispiel keh-

70 oben *Zur Beruhigung wird das Elefantenbaby pausenlos von einem Erwachsenen mit dem Rüssel beschnuppert und gestreichelt. Erst mit drei bis vier Monaten lernt es selbst, sich seines Rüssels zu bedienen.*

70-71 *Um zu saugen, sucht das Elefantenbaby zuerst mit dem Rüssel nach der Zitze; dann aber nützt er nichts, denn es trinkt direkt mit dem Maul an der Zitze; es muss sogar den Rüssel nach oben heben, da er beim Trinken stört.*

72 *Diese beiden kleinen Elefanten haben gerade im Schutz der Großen geschlafen. Sobald sie wach sind, beginnen sie, miteinander oder mit einem Zweig oder Gras zu spielen. Die kleinste Kleinigkeit belustigt sie. Sie sind sehr neugierig und interessieren sich für alle Tiere, die sie sehen: Vögel, Schildkröten, Paviane. Sie täuschen eine Attacke vor und dann, sehr stolz oder über ihre eigene Kühnheit erschreckt, verschanzen sie sich hinter ihrer Mutter.*

72-73 *Das Elefantenbaby wird mit schwarzen oder rötlichen Haaren auf Kopf, Stirn und Rücken geboren. Die Haare fallen mit zunehmendem Alter aus. Bei der Geburt wiegt es schon 120 Kilogramm!*

73 oben *Die kleinen Elefanten haben oft Mühe, ihren Müttern durch die verschlungenen Pflanzen oder die Wasserarme der Sümpfe zu folgen. Sie müssen sogar schwimmen, so hoch steht das Wasser. Wenn die Erwachsenen wieder an Land gehen, ist ihre Haut zweifarbig und zeigt die Höhe des Wasserstandes an.*

74 oben *Hier üben halbwüchsige Nilpferde das Sozialverhalten ihres zukünftigen Erwachsenenlebens. Mit 13 Jahren sind sie fortpflanzungsfähig und werden so zu potentiellen Rivalen des dominanten Männchens. Dann werden sie aus der Herde vertrieben.*

74 unten *Ein Nilpferdweibchen überwacht den Kindergarten. Die anderen Mütter nutzen die Gelegenheit, um an Land zu grasen. Erst mit sechs bis acht Monaten entfernen sich die Kleinen vom Wasser, um zu fressen.*

74-75 *Bereits fünf Minuten nach der Geburt kann das Nilpferdbaby schwimmen und laufen. Meist saugt es unter Wasser mit geschlossenen Nasenlöchern und Ohren. In den ersten Tagen bleibt die Mutter ständig in seiner Nähe und ist sehr aggressiv.*

75 oben *Das junge Nilpferd bleibt stets in Kopfnähe seiner Mutter. Dort kann sie am besten für seinen Schutz sorgen.*

ren Weibchen und Junges nach etwa zehn Tagen zur Herde zurück. Sie schließen sich der Gruppe von anderen Müttern und Kleinen an, die fern von den Männchen sind, welche sie angreifen oder einfach aus Unachtsamkeit erdrücken könnten. Das Weibchen schützt sein Junges unerbittlich vor den Männchen der eigenen Gattung. Aber es gelingt ihm nicht immer: Wenn ein dominierendes Männchen ein neues Revier erobert hat, so erwirbt es gleichzeitig das Recht auf neue Gefährtinnen. Haben diese Junge, die sie säugen, so können sie nicht brünftig werden. Der neue Herr beschließt manchmal, alle diese Jungen, die nicht seine sind, zu töten, damit sich die Weibchen rasch mit ihm paaren können. Dieses Phänomen ist ähnlich dem, das die Löwenmännchen praktizieren und das bekannter ist. Tagsüber, damit jede Mutter ruhig fressen kann, bewachen eine oder zwei von ihnen die Jungen auf einem Hügel in einer Art Kinderkrippe. Löwenweibchen haben einen so starken Gemeinschaftssinn, dass jedes Junge bei irgendeiner Mutter saugen kann. Diese Erscheinung ist einzigartig unter den Wildkatzen und sogar unter den meisten Arten, wo ein Junges, das seine Mutter verliert zum Tod verurteilt ist, weil kein anderes Weibchen es säugt und sich um es kümmern will. Erleichtert wird die gemeinsame Nutzung der „Mittel" bei den Löwen durch die Tatsache, dass die Weibchen eines Rudels oft gleichzeitig rollig werden und die Geburten eng beieinander liegen. Man muss einmal gesehen haben, wie sich zwanzig Löwenjungen im Alter von sechs Wochen bis fünf Monaten auf zwei Löwinnen stürzen, die als Erste von der Jagd zurückkehren, um zu begreifen, was ein kollektives Säugen bedeuten kann! Miauen, Schreien, Krallenschläge sind an der Tagesordnung, denn natürlich gibt es nicht genug Zitzen für alle! Auch bei Elefanten und Hyänen sind es die Weibchen, die die gemeinschaftliche Erziehung der Jungen besorgen. Bei Hyänenhunden und Mangusten kümmert sich das ganze Rudel, Männchen und Weibchen, um den Nachwuchs. Wir sind im Serengeti-Nationalpark, mitten in einem riesigen Grasland, mehrere Wochen bei einer Meute von Wildhunden geblieben. Der Wurf bestand aus elf jungen Hunden. Das Säugen war ein wirres Gemenge, bei dem jeder versuchte, sich an die Zitzen zu hängen. Sehr schnell bekamen die Jungen eine gemischte Nahrung. Wenn die Erwachsenen jagen gingen, blieb die Mutter, manchmal von einem oder zwei Männchen unterstützt, bei ihnen. Sobald sie etwas größer sind, kann irgendeines der erwachsenen Tiere die Rolle des Wächters übernehmen. Nach ihrer Rückkehr würgen die Jäger für alle, die im Bau zurückgeblieben sind, Fleischstücke hervor. Die Erwachsenen sind sehr liebevoll im Umgang mit den jungen Hunden und kümmern sich rührend um sie. Sie nehmen sich ein Kleines vor, beißen mit ihm herum, lecken es, rollen es am Boden und gehen dann zum nächsten über, das spitze Schreie des Vergnügens ausstößt. Beim geringsten Warnruf stürzen sich die Jungen in den Bau. Ein Rudel Hyänenhunde oder Mangusten kann es sich nicht erlauben, mehrmals Kleine in kurzen Intervallen großzuziehen. Um das zu vermeiden, sichert allein das führende Pärchen die Fortpflanzung.

Die Geburtenregulierung kann auch an einem Mangel an Nahrung liegen: So wird es in Jahren, in denen die Trockenheit zu lange andauert, in einer Elefantenpopulation, erheblich

76 *In Ruhepausen lässt sich das Gepardenweibchen von seinen Jungen necken, nicht ohne sie mit einem Tatzenschlag zur Ordnung zu mahnen. Mit fünf Wochen folgen sie ihm ins Grasland, sehr gut sichtbar für Feinde und noch zu jung, um schnell genug zu flüchten. Ein Alter voller Gefahren!*

77 *Dieser junge Gepard von sechs Wochen folgt seiner Mutter noch nicht auf die Jagd. Wenn sie töten geht, ruft sie ihn oder schleift die lebende Beute im Maul zu ihm. Ihre Jungen fressen stets vor ihr.*

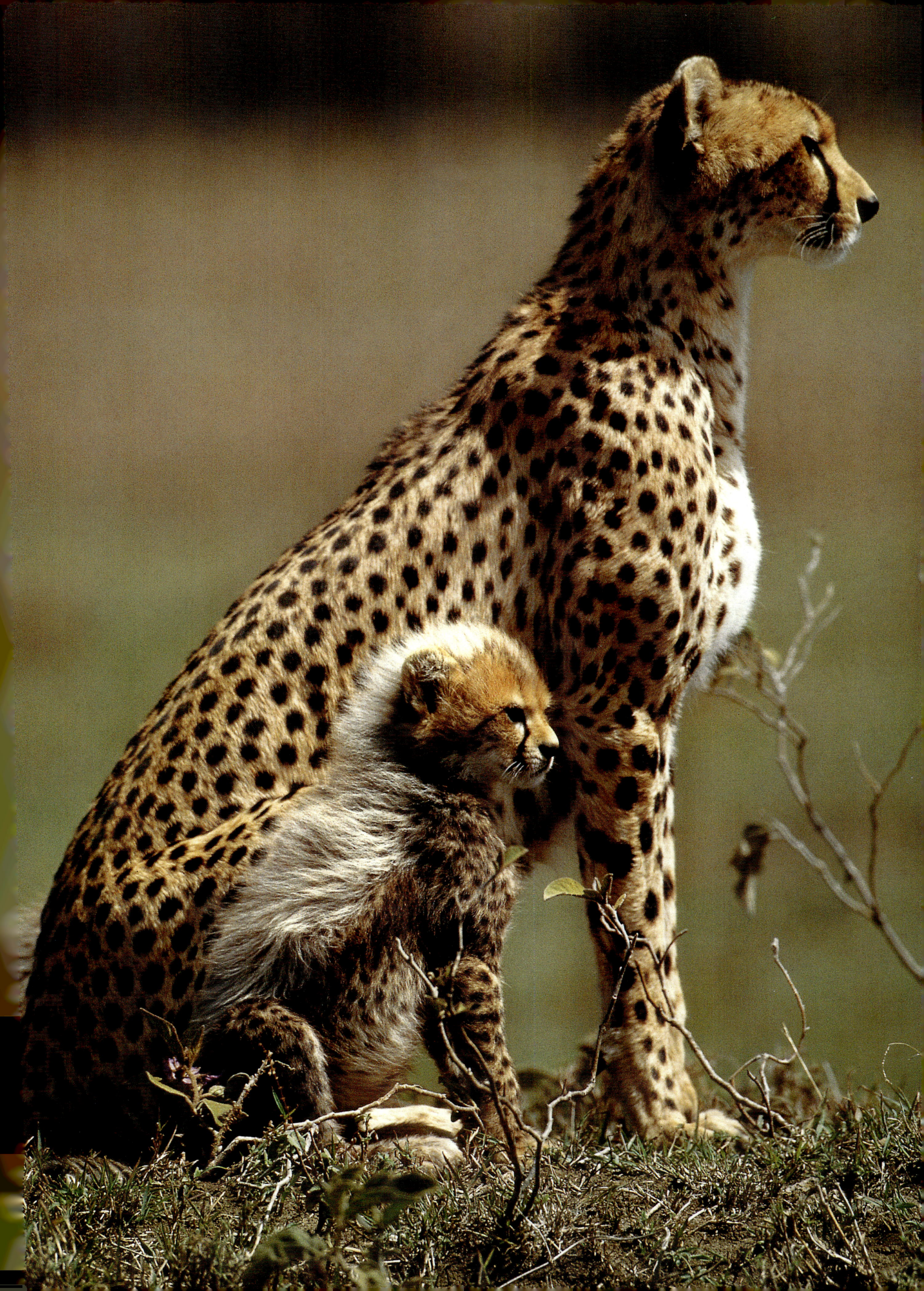

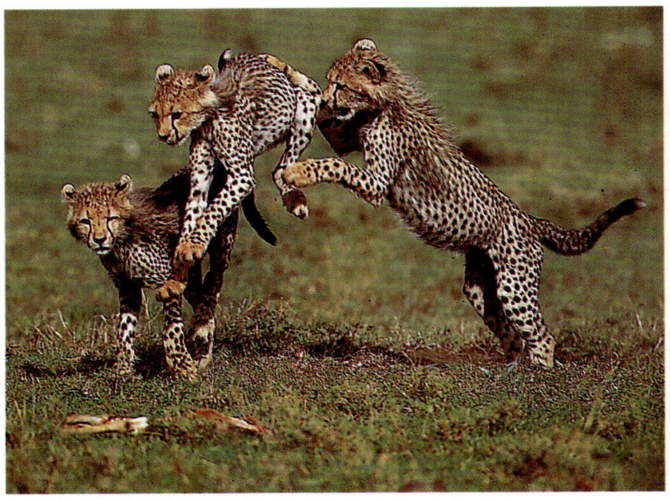

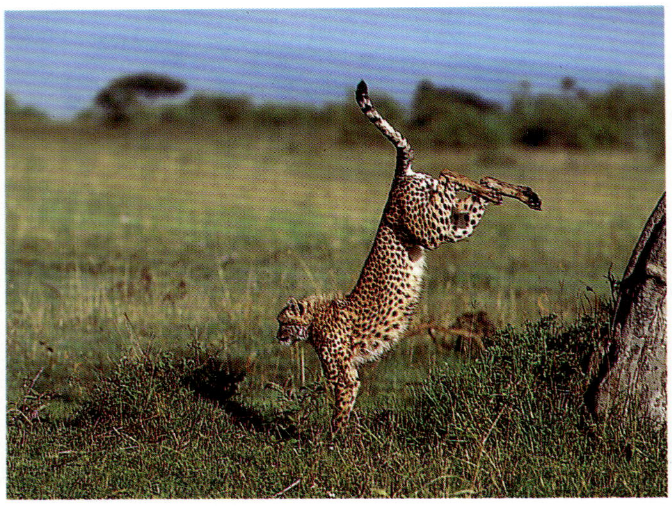

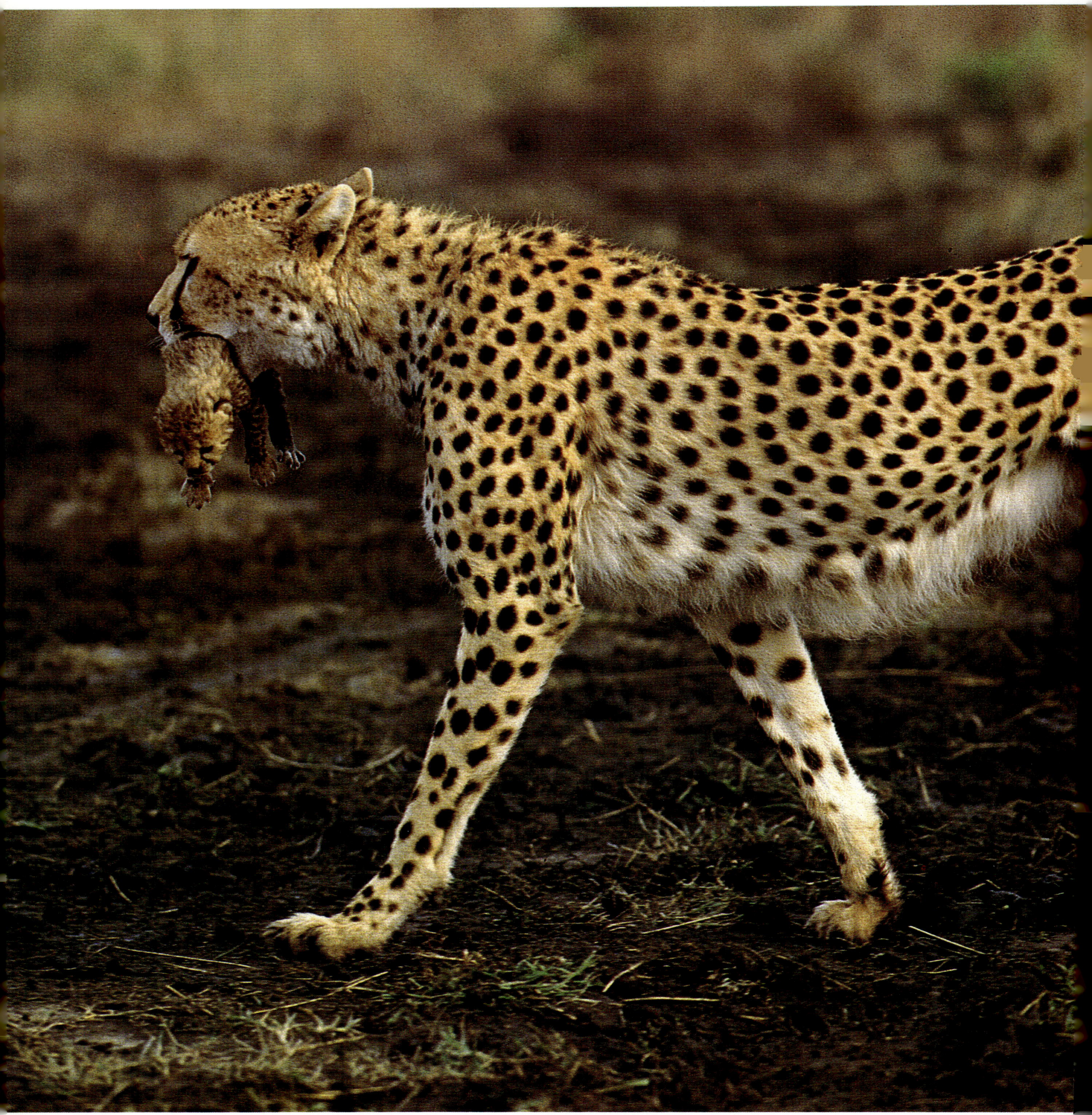

weniger Geburten geben als unter normalen Umständen.

Im Lauf unserer zahlreichen Aufenthalte in der Savanne waren wir Zuschauer von vielen Spielen sowohl bei Elefanten, Löwen und Geparden als auch bei Affen, die besonders verspielt sind. Wie oft haben wir gelacht über junge Paviane: Einer hängt sich an den Schwanz seines Gefährten, der selbst auf einem Ast reitet, andere schlagen Purzelbäume oder hangeln sich von Ast zu Ast. Das Spiel hat stets verschiedene Formen. Sei es der kleine Gepard, der einen Elefantenkotballen vor sich herrollt, das Leopardenjunge, das eine Schildkröte auf den Rücken dreht oder der kleine Schakal, der, kaum aus seinem Bau heraus, schon mit allem spielt, was er finden kann: Grasfresserkot, Grashalme, Federn, Schmetterlinge, Frösche oder der Schwanz seines Bruders. Es macht Spaß, die wilde Tollerei der Löwenjungen zu beobachten, und wenn sie beschließen, mit einem Stachelschwein zu spielen, dann ist das nicht unbedingt eine gute Idee!

Ein so unbekanntes Objekt wie unser Wagen erschreckt die kleinen Geparden nicht, die uns seit mehreren Wochen gefolgt sind; vor dem Anfahren mussten wir immer aufpassen, weil sie ständig um den Wagen herumliefen oder sich darunter versteckten. Sie fanden es sogar sehr lustig, unser Bremskabel anzuknabbern! Häufig haben wir uns gefragt, wie die Tiere an das Spielen herangehen. Selbst für Verhaltensspezialisten ist es schwierig, das Spiel zu definieren. Jedenfalls verbrauchen die Kleinen beim Spiel enorm viel Energie und es verleitet sie manchmal, Gefahren einzugehen, denn sie entfernen sich von ihrer Mutter, ohne es zu merken und die Fressfeinde sind niemals weit. Trotzdem ist die Bedeutung des Spiels offensichtlich: Das Junge entwickelt seinen Körper; es eignet sich Stärke an. So reihen die kleinen Thomsongazellen Luftsprung um Luftsprung mit irritierender Geschicklichkeit aneinander, sobald sie nicht mehr versteckt bleiben müssen. Das ist eine Übung für das, was sie ein Leben lang tun müssen, um den Raubtieren zu entkommen.

78 links *Diese drei Monate alten Geparde haben ihr Babyfell verloren; ihnen bleibt nur ein Rest der prächtigen Rückenmähne. Sie sind noch sehr verspielt. Sie jagen sich und stellen sich Fallen, indem sie sich hinter Gebüsch, einem Baumstamm oder einem Felsen verstecken. Die Spiele bereiten sie auf das Jagen vor.*

78 rechts *Alles in der Anatomie des Geparden prädestiniert ihn zum Laufen: lange Beine, Körper und Schwanz und tiefer Brustkorb.*

78-79 *Das Gepardenweibchen trägt ihr fünf Tage altes Baby. Ihr Wurf zählt meist drei bis vier Junge, die mit schwarzem Bauchfell und weißem Rücken geboren werden. Sie wiegen weniger als 300 Gramm.*

80 Sobald die jungen Geparde es können, klettern sie in Akazienbäume. Sie können ihre scharfen Krallen nicht einziehen, und sind zu akrobatischen Leistungen fähig, die erwachsenen Tieren unmöglich sind.

81 Wie sich sein Erwachsenenleben gestalten wird, hängt bei diesem neun Monate alten Geparden vom Geschlecht ab. Weibchen verlassen ihre Mutter, um sich in einem eigenen Revier niederzulassen. Wenn sie zu mehreren sind, bilden die Männchen kleine Gruppen. Aber wird dieser Gepard überhaupt so alt werden? Oft erreicht nur einer von drei Geparden das Erwachsenenalter und die Sterblichkeitsrate liegt manchmal sogar bei 70 %.

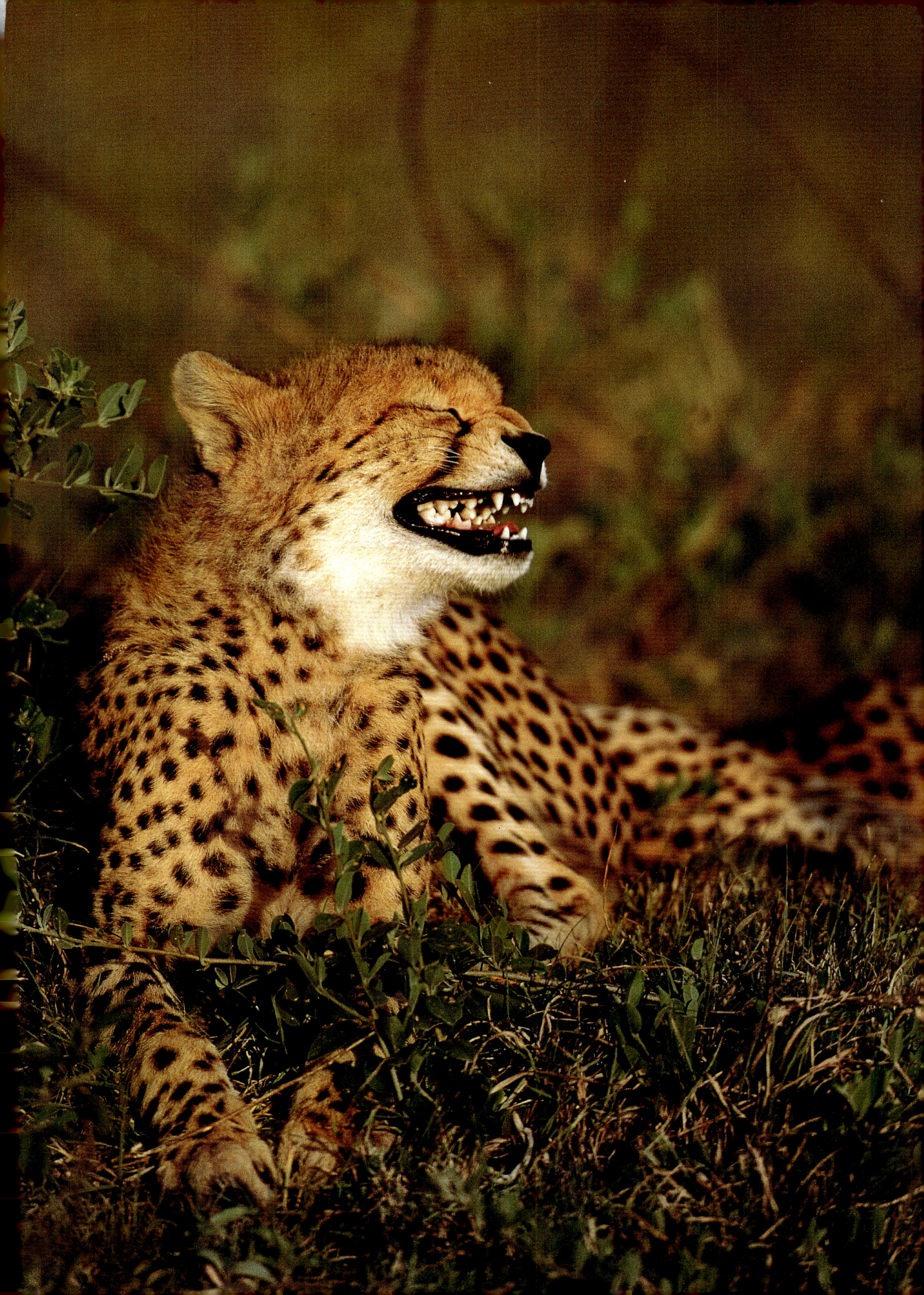

82

Ein Spielfeld ist eine Lehrstätte, wo junge Tiere Listen lernen und ihre Geschicklichkeit und ihre Kreativität verbessern. All diese Eigenschaften werden ihnen später nützen, wenn sie als Erwachsene ein Revier erobern oder jagen müssen. Verspielte Tiere wissen auch besser mit unerwarteten Situationen fertig zu werden.

Die Art und Weise, wie sie spielen, spiegelt die Gesellschaft wieder, in der die Jungen leben. Denn sie kopieren die Gesten und Haltungen ihrer Eltern. Die kleinen Paviane lernen so, Mitglieder ihrer Gemeinschaft zu erkennen und die Beziehungen zu verstehen, die zwischen den einzelnen Gruppen, aus denen sie sich zusammensetzt, bestehen. Junge Hunde oder Hyänen teilen ihre Entdeckungen wie einen Ast oder einen Knochen, und wenn sie sich balgen, dann lernen sie gleichzeitig die Regeln der Rangordnung, die die Meute gliedert. Auch das Geschlecht des Tieres wird beim Spiel deutlich. Junge Paviane oder Elefantenmännchen prügeln sich häufiger als gleichaltrige Weibchen. Über diese spielerischen Kämpfe erstellen die jungen Männchen im Lauf der Jahre eine „mitwachsende" Rangfolge innerhalb ihrer Altersklasse. Als Erwachsene kennen sie dann bereits ihre gesellschaftliche Position. Die gleiche Erscheinung findet man bei den Zebras. Heranwachsende Zebrahengste bilden Alleinstehenden-Gruppen, wachsen zusammen auf und lernen Stück für Stück durch das Spiel, Stärken und Schwächen ihrer zukünftigen Rivalen bei der Familiengründung kennen. Anfangs, wie zu Zeiten ihrer Kindheit, bäumen sie sich auf, schlagen aus und versuchen, sich gegenseitig in Nacken, Hals und Beine zu beißen. Dabei weichen sie den Hufschlägen und Bissen ihrer Gegner durch schnelle und kurze Verfolgungsjagden über zehn bis zwanzig Meter aus. Allmählich kristallisiert sich die Rangordnung, die später die Beziehungen bestimmen wird, heraus. Kleine Affenmännchen haben nur im Sinn, sich hinterherzulaufen, während ihre Gefährtinnen offensichtlich Vergnügen daran haben, mit den Babys zu spielen und sie zu lausen.

82 oben Das Warzenschweinweibchen bringt in einem Bau etwa vier Junge zur Welt; dort bleiben sie zehn Tage versteckt. Jeder Frischling hat seine eigene Zitze. Wenn es einen großen Wurf gab, bleiben die auf der Strecke, die es nicht geschafft haben, sich beim ersten Säugen eine Zitze zu sichern.

82-83 Bei Gefahr flüchten die kleinen Warzenschweine und ihre Eltern in Richtung Bau. Die Kleinen voran, die Eltern folgen, aber alle mit steil aufgerichtetem Schwanz.

83 oben Das Spitzmaulnashorn wird ohne Hörner geboren; sie wachsen mit zwei oder drei Jahren. Mutter und Neugeborenes bleiben in den ersten zwei Wochen im Gebüsch versteckt und Erstere ist in dieser Zeit sehr reizbar. Das Junge folgt ihr zwei Jahre lang bis zur Entwöhnung überall hin. Es ist dann so groß, dass es sich zum Saugen hinlegen muss.

83 unten Früher, als die Populationen größer waren, schloss sich das jugendliche Nashorn mit Gleichaltrigen zusammen. Durch die Wilddiebe ist das nun unmöglich geworden.

Junge Elefantenweibchen kümmern sich auch viel mehr um die Babys, als ihre Brüder und Cousins. Sie helfen den Jüngeren, Hindernisse zu überwinden oder beruhigen sie wie die Mütter mit dem Rüssel.

Aus noch einem Grund ist das Spiel unersetzlich: Bei Mensch und Tier hilft es, Gewalt einzudämmen. Stärkere Tiere lassen sich auf das Niveau der Schwächeren herab. Halbwüchsige Elefanten knien sich nieder, um in Reichweite der Kleinen zu gelangen, damit diese auf ihnen herumklettern können. Ältere Löwenjungen setzen niemals ihre ganze Kraft ein, wenn sie einem schwächeren Artgenossen gegenüberstehen. Auf diese Weise können alle miteinander spielen. Außerdem, wer die Oberhand beim Spiel hat und den Sieg hinauszögert, verlängert seinen Spaß. Wenn man sieht, wie große Löwenkinder, auf die Hinterbeine gestellt, miteinander raufen, hat man den Eindruck eines unerbittlichen Kampfes. Aber zu einem gegebenen Zeitpunkt streckt sich einer der Gegner aus und bietet dem Rivalen seine empfindlichste Körperstelle. Dieser nützt das natürlich nicht aus; er hat im Laufe seines Heranwachsens die Gebräuche und Regeln des sozialen Lebens gelernt.

Die Haltung der Gegner während des Kampfes zeigt an, dass es sich um ein Scheingefecht handelt. Das Maul ist geöffnet und entspannt, die Zähne halb entblößt. Es sind Zeichen für gute Laune und Vergnügen. Jeder zeigt dem anderen seine freundschaftlichen Absichten. Hunde und Katzen fügen diesen Zeichen eine spezifische Körpersprache hinzu: einen runden Rücken, gebeugte Vorderpfoten, den Hintern in die Luft gestreckt und heftiges Wedeln mit dem Schwanz.

Nicht alle Tiergattungen gehen auf die gleiche Weise an das Spiel heran. Je weniger sie entwickelt sind, desto weniger müssen die Jungen lernen, um Reife zu erreichen und desto weniger spielen sie. Selbst wenn man Tiere der am weitesten entwickelten Art betrachtet, die am meisten spielen, dann kann das Spiel nur stattfinden, wenn die Tiere ihre Grundbedürfnisse gestillt haben: sich

84 oben *Diese jungen Hyänen von zwei verschiedenen Müttern leben im gleichen Bau. Aber jedes kommt nur heraus, wenn es die eigene Mutter, deren Stimme es genau kennt, rufen hört.*

84 Mitte *Junge Hyänenhunde fressen ab dem fünfzehnten Tag Fleisch, selbst wenn sie gesäugt werden. Damit die Erwachsenen die Nahrung hervorwürgen, lecken sie ihnen die Mundwinkel.*

84 unten *Das Hyänenweibchen bringt ihr wenige Tage altes Junge in einen anderen Bau. Bei der Geburt ist es ganz schwarz und die Augen sind bereits geöffnet. Die Flecken auf dem Fell tauchen mit anderthalb Monaten auf, und das Fell wird heller.*

85 *Diese junge Fleckenhyäne wird noch ausschließlich mit Milch ernährt. Das dauert bis sie 12 oder sogar 18 Monate alt ist. Die Erwachsenen würgen ihren Jungen niemals Fleisch hervor. Wenn sie entwöhnt werden sind sie ausgewachsen!*

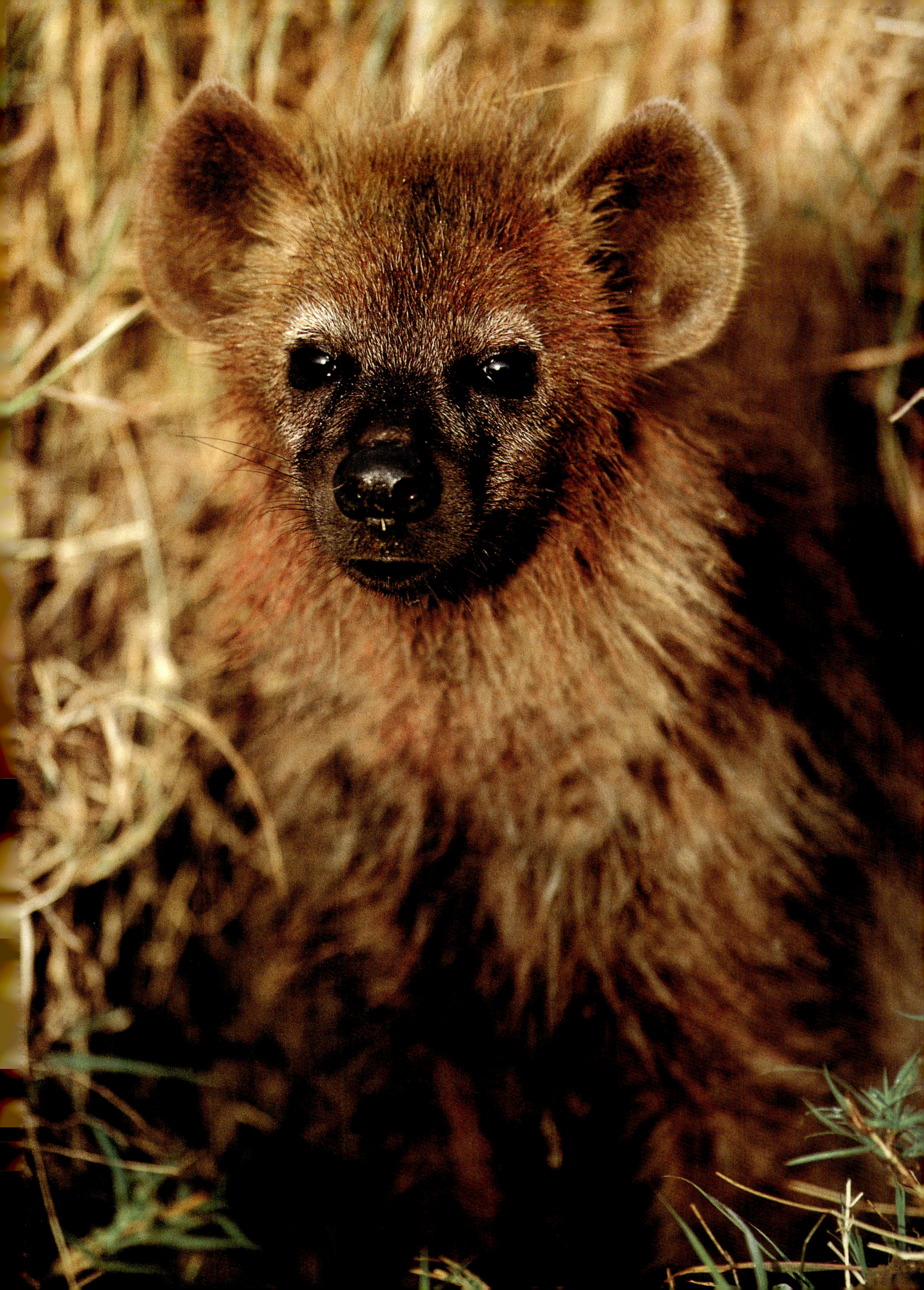

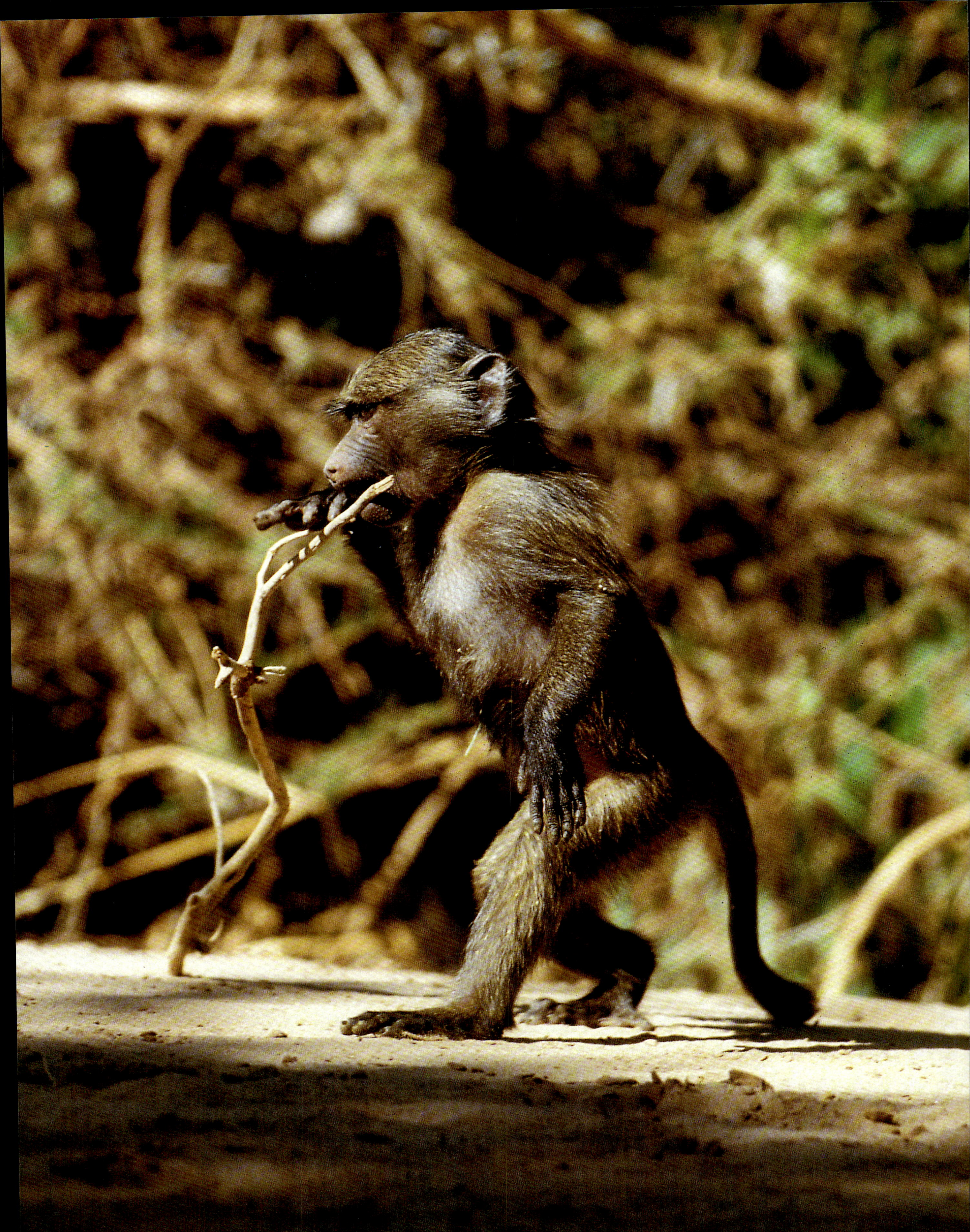

86 *Der Doguera-Pavian hat bei der Geburt eine hellrosa Haut mit langen, schwarzen Haaren bedeckt und großen, unförmigen Ohren. Das Neugeborene erweckt die Neugier der ganzen Herde. Erst mit sechs Monaten verliert es sein dunkles Haarkleid und bekommt das für seine Art typische olivbraune Fell.*

87 oben *Wenn es nicht gerade saugt, hält sich das junge Topi immer in Nähe der Hinterläufe seiner Mutter. Da es viel mehr Schlaf als die Erwachsenen braucht, tun sich mehrere Mütter mit den Jungen zusammen und die Kleinen ruhen gemeinsam.*

87 Mitte *Das neugeborene Gnu ist eine von den Raubtieren der Region heiß begehrte Beute; besonders in den ersten zwei Tagen seines Lebens, denn danach ist es schwieriger zu erbeuten.*

87 unten *Dieses erwachsene Pavianmännchen hat sich mit einem Jungen angefreundet. Die Mutter des Kleinen lässt ihn gewähren.*

ernähren und fortpflanzen. Ein gutes Beispiel hierfür liefern die Elefanten im Amboseli Wildschutzgebiet. In der Trockenzeit ist die Nahrung knapp. Die Dickhäuter leben in kleinen Gruppen von etwa zehn Tieren und verbringen die meiste Zeit damit, ihre Bedürfnisse zu stillen. Dafür schonen sie ihre Kräfte und die Jungen spielen nicht. Man hat beinahe den Eindruck, dass sie traurig sind. Der Kontrast ist umso größer, wenn man einige Wochen später wiederkommt, zu der Zeit, wenn die Natur nach dem Regen wieder grün wird. Die Gruppen schließen sich zusammen, um größere Einheiten zu bilden und es wird jetzt intensiv und fröhlich gespielt. Welche Form das Spiel auch annimmt, die Wissenschaftler sind sicher, das es eine lebenswichtige Funktion hat. Neuere Forschungsergebnisse über das Gehirn zeigen, dass es vielleicht ebenso notwendig ist – sei es für den Menschen oder für bestimmt Tierarten – wie schlafen und träumen. Der Beweis wird über das Gegenbeispiel geführt: Das Fehlen von Spielen führt bei jungen Tieren wie bei Kindern zu schweren Erkrankungen. Forscher, die das Verhalten von Affen, insbesondere von Schimpansen, beobachtet haben, zeigten, dass Tiere, die während ihrer Kindheit nicht spielen durften, unreif, introvertiert und schüchtern bleiben, sei es in Gefangenschaft oder in der Natur. Sie sind unfähig, sich sozial anzupassen. Tiere, die in Gefangenschaft geboren und alleine aufgezogen wurden, zeigten sich unfähig, als Erwachsene mit den anderen korrekt zu kommunizieren. Sie fanden ihren Platz in der Rangordnung nicht und schafften es weder, den Weibchen den Hof zu machen, noch sich zu paaren.

Deshalb ist Spielen wichtig und unersetzlich im Leben der jungen Tiere. Es begünstigt eine gute körperliche Entwicklung und erleichtert ihnen das soziale Leben. Aber man darf das Spiel nicht nur darauf reduzieren; vielleicht spielen sie einfach, weil es ihnen Spaß macht. Und es ist nicht das Privileg der Jungen – auch Erwachsene spielen gerne, sie wenden dafür aber viel weniger Zeit auf.

88 Dieses Löwenbaby ist weniger als sechs Wochen alt und mit seinen Geschwistern noch vom Rudel getrennt. Bald werden sie ihre erste feste Nahrung zu sich nehmen. Ihre Mutter ist gegen alle, die ihren Jungen nahe kommen, sehr aggressiv.

89 Vorsichtig an ihren Schultern gepackt, trägt das Löwenweibchen ihre Jungen einzeln im Maul. Das neue Versteck kann ein Graben sein, eine Felshöhle oder einfach der Schutz des Dickichts.

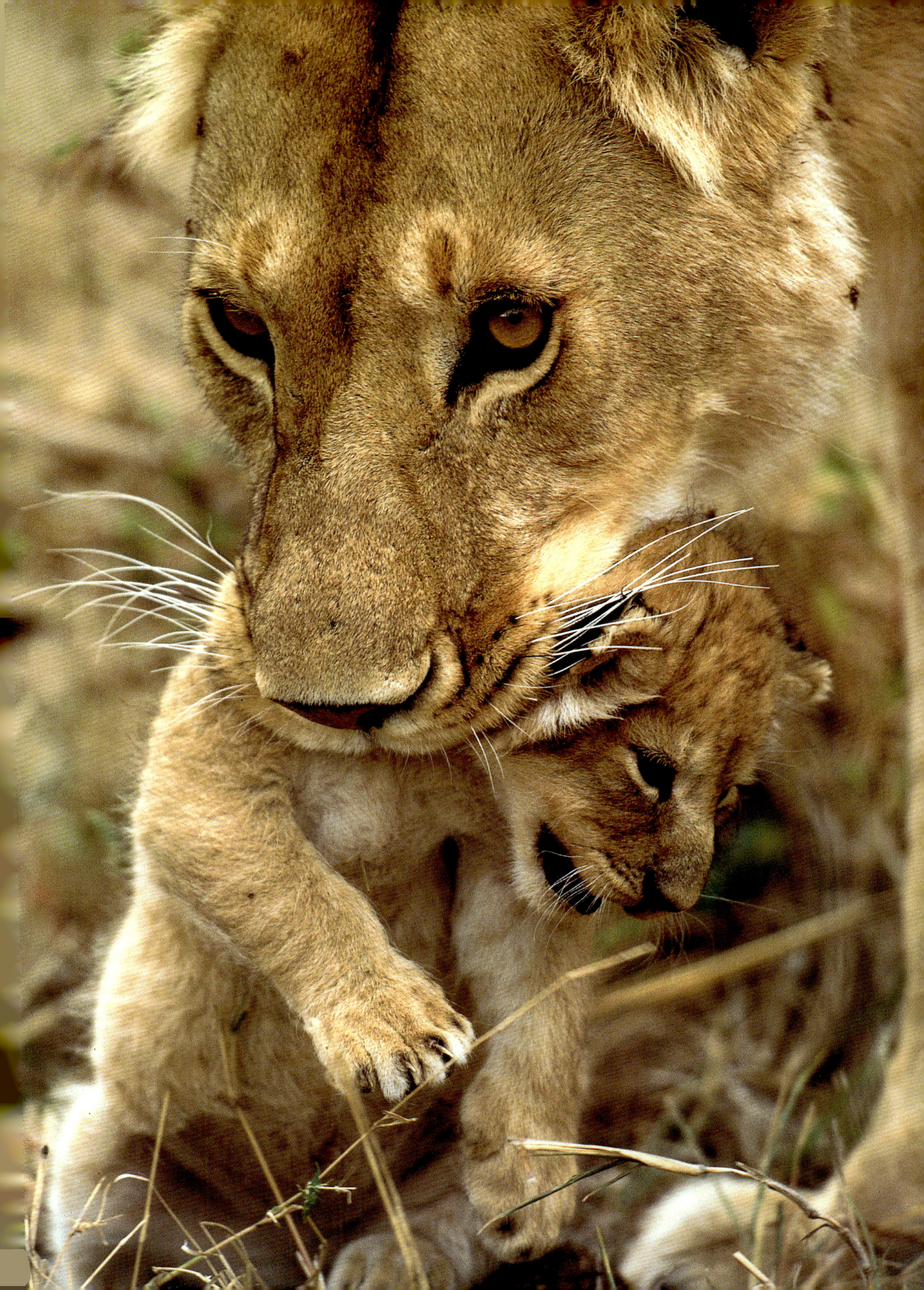

90 *An die 75 % aller Löwenjungen erreichen das Erwachsenenalter nicht. Nachlässigkeit der Mutter ist eine der Ursachen: Viele vergessen, auf ihre Sprösslinge zu warten, wenn sie sich fortbewegen. Sie können auch Hyänen zum Opfer fallen oder von Löwenmännchen getötet werden. In der Regel tötet bei einem Revierwechsel der neue Herr alle Jungen, um sich selbst schneller fortpflanzen zu können, oder die Löwenjungen verhungern, wenn die Beute selten wird, da die Erwachsenen immer zuerst fressen.*

90-91 *Dieser junge Löwe spielt mit einem Webervogelnest, das von einer Akazie heruntergefallen ist.*

91 oben *Die Zukunft dieser kleinen Löwen hängt von ihrem Geschlecht ab: Weibchen bleiben im Rudel, während ihre Brüder und Cousins mit zwei bis drei Jahren verjagt werden. Meist bleiben sie zusammen, um ihre Chancen bei der Jagd zu erhöhen und bei der Eroberung eines Revieres nach einigen Jahren des Umherirrens.*

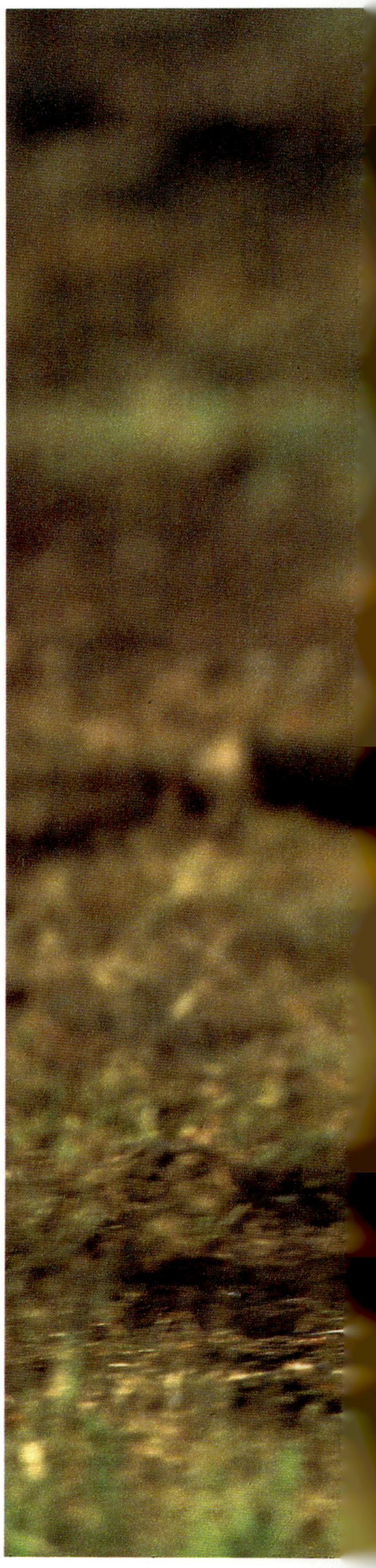

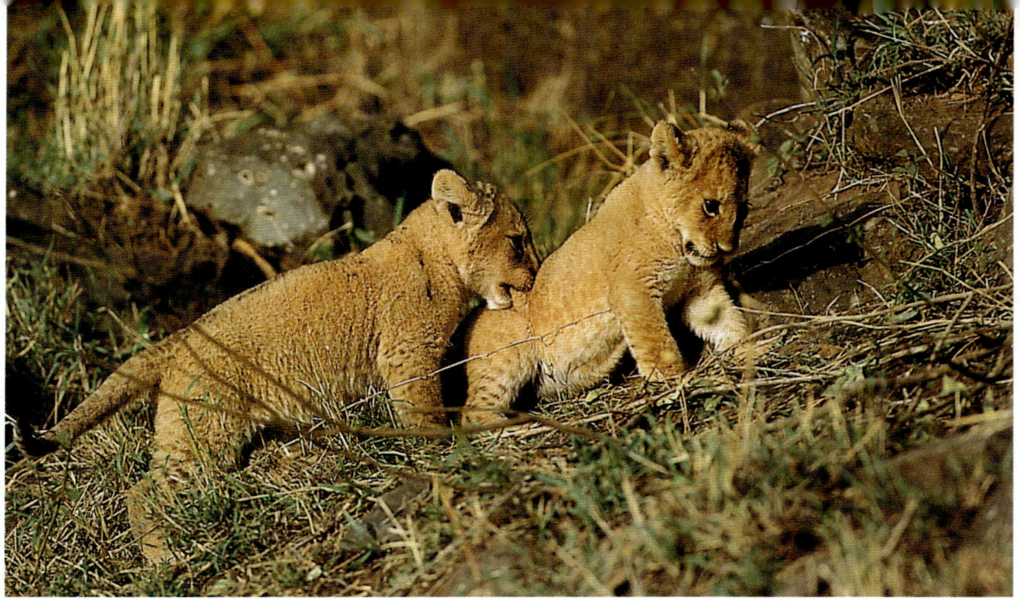

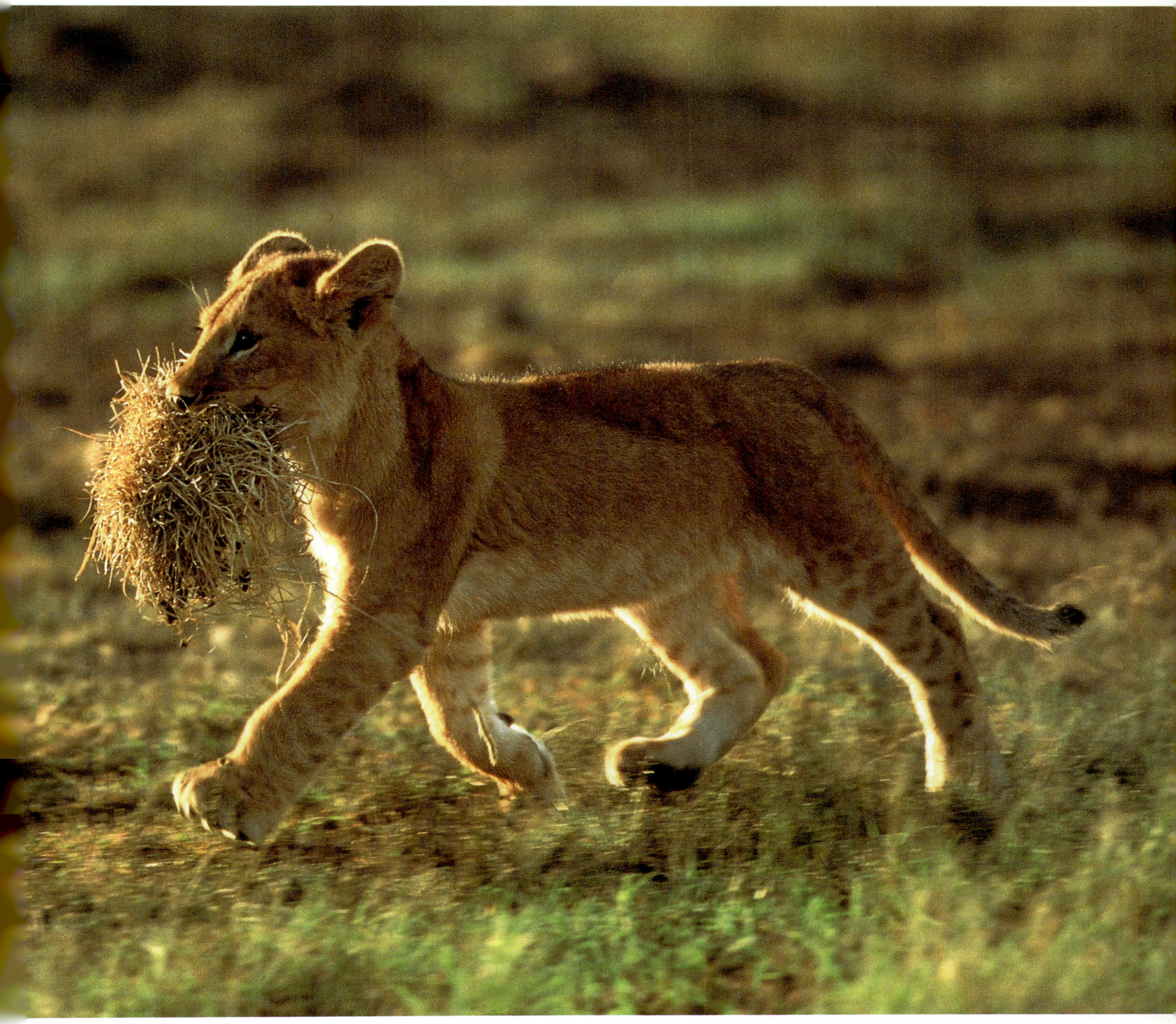

92 oben Wütend über die Kleinen, die zu sehr an ihren Zitzen gezerrt haben, ist die Löwin ein Stück fortgerückt. Dem, der weiter saugen möchte, zeigt sie die Zähne.

92-93 Obwohl männliche Löwen das Spiel der Jungen ertragen, sind sie weniger nachsichtig als die Weibchen. Die meiste Zeit verbringen sie unter sich, fern vom Rest des Rudels.

93 oben *Nicht das Löwenjunge ruft beim Männchen dieses Verhalten hervor, sondern Urin, den eine Löwin kurz vorher dort abgesondert hat. Der Löwe beschnuppert ihn, mit hochgezogenen Lefzen und charakteristischem Gehabe.*

93 Mitte *Löwen sind mit sechs Monaten entwöhnt, aber viele saugen auf Kosten der Neugeborenen weiter bis zu einem Jahr und sogar darüber hinaus.*

93 unten *Im Gegensatz zu den Männchen spielen die erwachsenen Löwinnen genauso wie die Jungen. In der Regenzeit spielen sie häufiger, doch gegen Ende der Trockenperiode, wenn die Nahrung knapp wird, nur noch selten. Löwinnen sind sehr zärtlich zueinander.*

94-95 *Das Zebrajunge wird von seiner Mutter mindestens sechs Monate gesäugt. Danach grast es in ihrer Gesellschaft bis es etwa zwei Jahre alt ist. Wenn es ein Weibchen ist, so verlässt es die Familie, und wartet darauf, von einem Hengst zur Gründung einer Familie erwählt zu werden. Wenn es ein Männchen ist, dann schließt es sich für ein oder zwei Jahre einer Gruppe von anderen Hengsten an, bis es mit vier oder fünf Jahren eine eigene Familie gründet.*

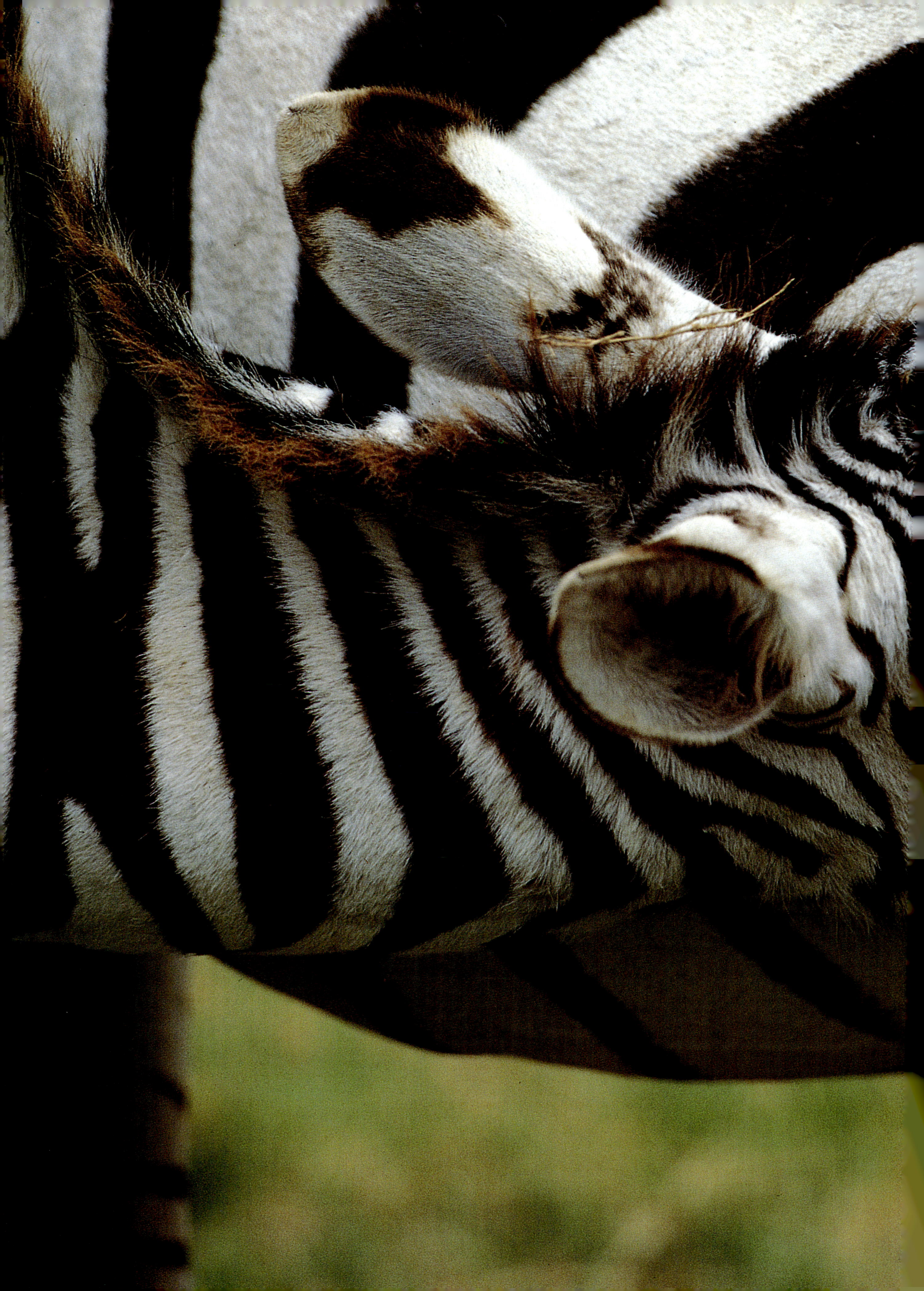

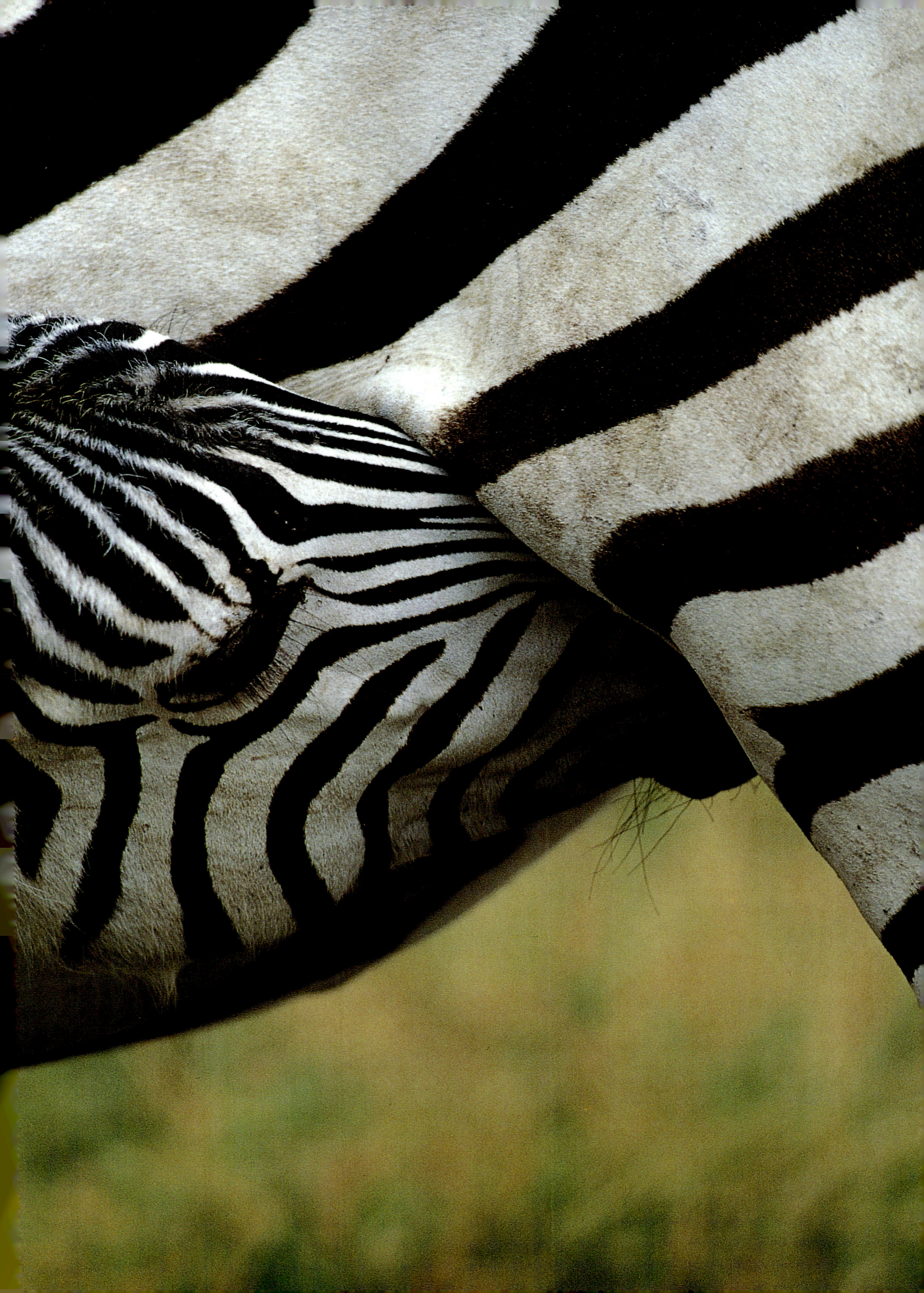

WASSER, QUELLE DES LEBENS

Regen- und Trockenzeiten bestimmen das Leben in der Savanne und verändern ihr Erscheinungsbild völlig. Während der Trockenzeit ist der Boden rissig, das Gras vergilbt und die Tiere sind geschwächt. Dann kommt der Regen und der ganze ökologische Kreislauf beginnt von vorne. Milliarden von Organismen, die sich in ausgetrockneten Tümpeln vor der Hitze versteckt hatten und dort seit Monaten schliefen, erwachen zu neuem Leben. Als Erste kehren die Insekten wieder und werden von einer Menge Vögel und anderer Beutejäger freudig begrüßt, die sich plötzlich von Nahrung umringt sehen. Schnell ergrünt das Gras, die Sümpfe werden wieder matschig und unbegehbar. Allein Elefanten, Büffel und Defassa-Wasserböcke dringen ohne Gefahr in diese Gebiete ein, auf der Suche nach Weidegründen. Nahrung zu finden wird wieder einfach. Es ist eine Zeit des Überflusses, sowohl für die Grasfresser als auch für die Raubtiere, da der Regen zu Spitzen in den Geburtenzahlen und zur Rückkehr der Wanderarten führt. Auch für Spiele ist jetzt wieder Zeit.

Das markanteste, mit dem Regen verbundene Phänomen, ist die Migration von zwei Millionen Grasfressern. Tatsächlich ballen sich im November in den Grasländern der Serengeti über anderthalb Millionen Gnus zusammen, zu denen noch hunderttausende Zebras und Thomsongazellen kommen. Diese weiten Ebenen liefern ein kurzes und saftiges Gras, das die Tiere bis in den Mai hinein genießen. Wie soll man sich beim Anblick dieser fantastischen Tiermengen vorstellen, dass etwas später im Jahr einzig ein paar Gazellen noch auf dem ausgedörrten Gras der Steppe leben!

Im Mai machen sich die Tiere von einer unwiderstehlichen Macht getrieben, wie auf ein geheimes Signal hin auf den Weg. Langsam ziehen sie gen Norden. In endlosen Schlangen, die ohne Unterbrechung bis zu 40 Kilometer lang werden können, schreiten die Tiere nebeneinander her und lassen tiefe Furchen im Boden zurück. Manchmal fangen sie wie von Wahnsinn gepackt an, zu rennen

96 oben *Der Gepard ist wasserscheu. Aber wenn es sein muss, so kann er einen wenig tiefen Fluss durchqueren.*

96 unten *Ein Gepard in trockenen Gebieten reduziert seinen Wasserverbrauch auf ein Minimum. Er kommt auch ohne Wasser aus, indem er den Urin seiner Beute trinkt und Wüstenmelonen frisst.*

96-97 *Oft lebt der Leopard in der Nähe von Wasserstellen, und trinkt doch nur alle zwei bis drei Tage. Er mag das Wasser und ist ein sehr guter Schwimmer.*

97 oben *Bewegungslos haben die Gepardin und ihr Nachwuchs auf das Ende des Regens gewartet. Nun schüttelt sich die Mutter und bespritzt dabei eines ihrer Jungen.*

98

98 oben links Um zu trinken, spreizt die Giraffe ihre Vorderbeine und senkt den Kopf zum Wasser. Dann ist sie sehr verwundbar. Wenn sie sich bückt und wieder aufsteht, ist der Bewegungsumfang ihres Gehirnes verglichen mit ihrem Herzen enorm. Dies erfordert anatomische Sondermaßnahmen: Ihre Blutgefäße sind sehr elastisch, in den Halsadern gibt es zusätzliche Klappen, ihr Herz wiegt über 11 Kilogramm und befördert ca. 60 Liter Blut pro Minute.

98 oben rechts In der Trockenzeit müssen Zebras mindestens einmal pro Tag trinken. Wenn sie an die Wasserstellen kommen, sind sie ständig auf der Hut. Sobald eines von ihnen Gefahr wittert, warnt es die anderen durch Vibrationen der Nüstern; ein Laut, der sehr weit trägt.

98-99 Der Schwanz des Krokodils macht 40 % seiner Gesamtlänge aus. Er ist ein ausgezeichnetes Antriebsorgan.

und bleiben ebenso plötzlich wieder stehen. Der Strom teilt sich in zwei Gruppen: Eine zieht nach Norden, erreicht den Fluss Mara und verlässt die Grenzgebiete der Serengeti, um ins Masai-Mara-Wildreservat zu gelangen; die andere schwenkt nach Westen und schlägt den so genannten „Western Corridor" in Richtung Viktoriasee ein, wo sie Gras im Überfluss findet. Diese Wanderung über beinahe 1500 Kilometer ist von Fallen übersät. Sie ist zugleich eine schreckliche Prüfung für die jeweilige Gattung und ein Glücksfall für ihre Fressfeinde. Durch Raubtiere, Unfälle und Kleine, die im Gedränge ihre Mutter verlieren und zum Tode verurteilt sind, ist die Sterblichkeitsrate unter den jungen Gnus erschreckend hoch. Nach den Sommermonaten nehmen die Gnus denselben Weg in umgekehrter Richtung. Eines der großen Hindernisse auf der Strecke ist das Queren von Wasserläufen und besonders des Flusses Mara. Die Gnus überqueren ihn immer an ganz bestimmten Punkten. Früher waren diese Orte sicherlich geeignet, aber mit der Bodenerosion und dem wiederholten Zertrampeln Jahr für Jahr, haben sie sich heute in kleine Felsen verwandelt. Die Tiere treffen in Massen auf diesen steilen Hügeln ein und viele von ihnen ertrinken oder werden niedergetrampelt. Der Fluss reinigt sich schnell von ihnen: Geier, Krokodile, Warane und Welse profitieren davon. Die Migration ist an die Nahrungsbedürfnisse gebunden, an eine ewige Suche nach noch grüneren Weiden und Wasser. Aufgrund ihrer Abhängigkeit vom Regen findet sie niemals zu präzisen Zeitpunkten statt und kein Jahr gleicht dem anderen. Allerdings ist ihre Geschichte so alt wie die Geschichte des Menschen: Fossilien aus der Olduvai (wo ein 1 750 000 Jahre alter *Australopithecus* gefunden wurde) zeigen, dass das Gnu dort schon vor einer Million Jahren graste.

Die Tiere haben nicht alle die gleichen Bedürfnisse: So brauchen Oryx, Dikdik, Grantgazelle oder Giraffengazelle praktisch nicht zu trinken; in ihrer Nahrung ist ausreichend Wasser vorhanden. Büffel oder Elefant dagegen haben einen hohen Bedarf, sodass sie nur an

100 oben links Nilpferde lieben Schlamm! Manche Schlammtümpel beherbergen ganze Gruppen von rangniedrigen Männchen, die dort den ganzen Tag verbringen. Ihnen bleibt gerade so viel Platz, um sich umzudrehen und auch den Rücken mit Schlamm zu bedecken.

100 oben rechts *Die Nilpferde sind von einer Art Schaum bedeckt, der sich auf der Oberfläche des Tümpels ausbreitet. Er entsteht durch die Gärung organischer Stoffe, die diese Tiere ausscheiden.*

100-101 und 101 oben *Nilpferde leiden weniger unter Insekten als andere große Säuger. Sie tauchen einfach unter, um sich zu schützen. Wenn sie aufgetaucht sind, untersuchen Vögel wie der Jacana oder der Madenhacker ihren Körper sorgfältig und befreien sie von Parasiten.*

101 unten *Bei geringer Wassertiefe bewegt sich das Nilpferd hüpfend fort. Es nimmt immer wieder Schwung und stößt sich vom Boden ab.*

102-103 *Dieses Nilpferdmännchen ist aus dem Tümpel gestiegen und will nun wieder hinein. Dafür nimmt es gegenüber den ranghöheren Männchen, die es stören könnte, eine unterwürfige Haltung ein.*

bestimmten Orten leben können. Der Büffel muss 30 bis 40 Liter pro Tag trinken und der Elefant 70 bis 100 Liter. Diese beiden Tiere, ebenso wie das Nilpferd und das Warzenschwein lieben es, sich im Schlamm zu wälzen. Er trocknet schnell und kühlt. Er erstickt Parasiten, die unter der Haut sitzen und verhindert die Stiche von Bremsen und Fliegen, die so ihre Eier nicht auf ihnen ablegen können. Schlamm ist also notwendig für ihre Lebenshygiene.

Das zweitgrößte Landsäugetier, das Nilpferd, braucht Wasser als Lebensmedium, da es in ihm die meiste Zeit verbringt. Das flüssige Element gestattet ihm eine solche Korpulenz und solch seltsame Formen. Das Wasser trägt nicht nur einen Teil seines Gewichts, sondern reguliert seinen Temperaturhaushalt, was es alleine nicht kann.

Ein Nilpferd trocknet drei- bis fünfmal schneller als ein Mensch in der Sonne aus und lange hält es sich dort nicht auf. Seine Haut ist erstaunlich empfindlich; im Sonnenlicht produziert sie eine zähe, rötliche Flüssigkeit und man hat den Eindruck, dass der Rücken des Tieres voller Blut ist. In den ägyptischen Hieroglyphen ist das Wort Chirurgie durch ein Nilpferd dargestellt!

Das Nilpferd ist an seine Umgebung gut angepasst: Augen, Nasenlöcher und Ohren lassen sich mit einer Klappe schließen und befinden sich an der Kopfoberseite, sodass es beobachten kann, ohne selbst gesehen zu werden. Es kann fünf bis acht Minuten ohne zu atmen unter Wasser bleiben. Die Ausscheidungen dieser Riesen liefern tonnenweise Dünger und begünstigen so das Wachstum von Phytoplankton und von allen Wasserpflanzen, die die vielen kleinen Krustentiere, Larven, Würmer und andere Wirbellose ernähren. Deshalb drängen sich Mengen von Fisch fressenden Vögeln um diese Säugetiere. Eine enorme Rückwirkung auf das Wasser hat auch die Verteilung des Kots mit dem Schwanz: Die Ausscheidungen schwimmen nicht, sondern sinken direkt auf den Grund und sichern so die Nahrung bestimmter Fische wie dem Fransenlipper.

Die Seen im Rift-Valley bilden eine sehr spezielle und extrem vielseitige Umgebung. Dies ist in ihrer Entstehung begründet: Die meisten von ihnen entstanden als Folge von Erdbeben und Vulkanausbrüchen. Einige dieser Seen sind stark alkalisch. Das zufließende Wasser enthält reichlich Mineralsalze, die aus der Lava gelöst sind. Da die wenigsten einen Abfluss besitzen, konzentrieren sich die Minerale unter dem Einfluss der intensiven Verdunstung und die Seeufer sind weiß von Salzspuren. Nur sehr wenige Arten sind fähig, in dieser chemischen, stark ätzenden „Suppe" zu überleben. Doch die Diatomeen, die Kieselalgen, sind perfekt an das Milieu angepasst und vermehren sich mit rasender Geschwindigkeit. Sie verleihen dem Wasser eine blaugrüne oder auch rote Farbe, wie im Lake Natron oder Magadi. Die Algen werden von kleinen Flamingos gefressen, die sich auf sie spezialisiert haben. Von diesen Vögeln gibt es in Ostafrika etwa drei Millionen.

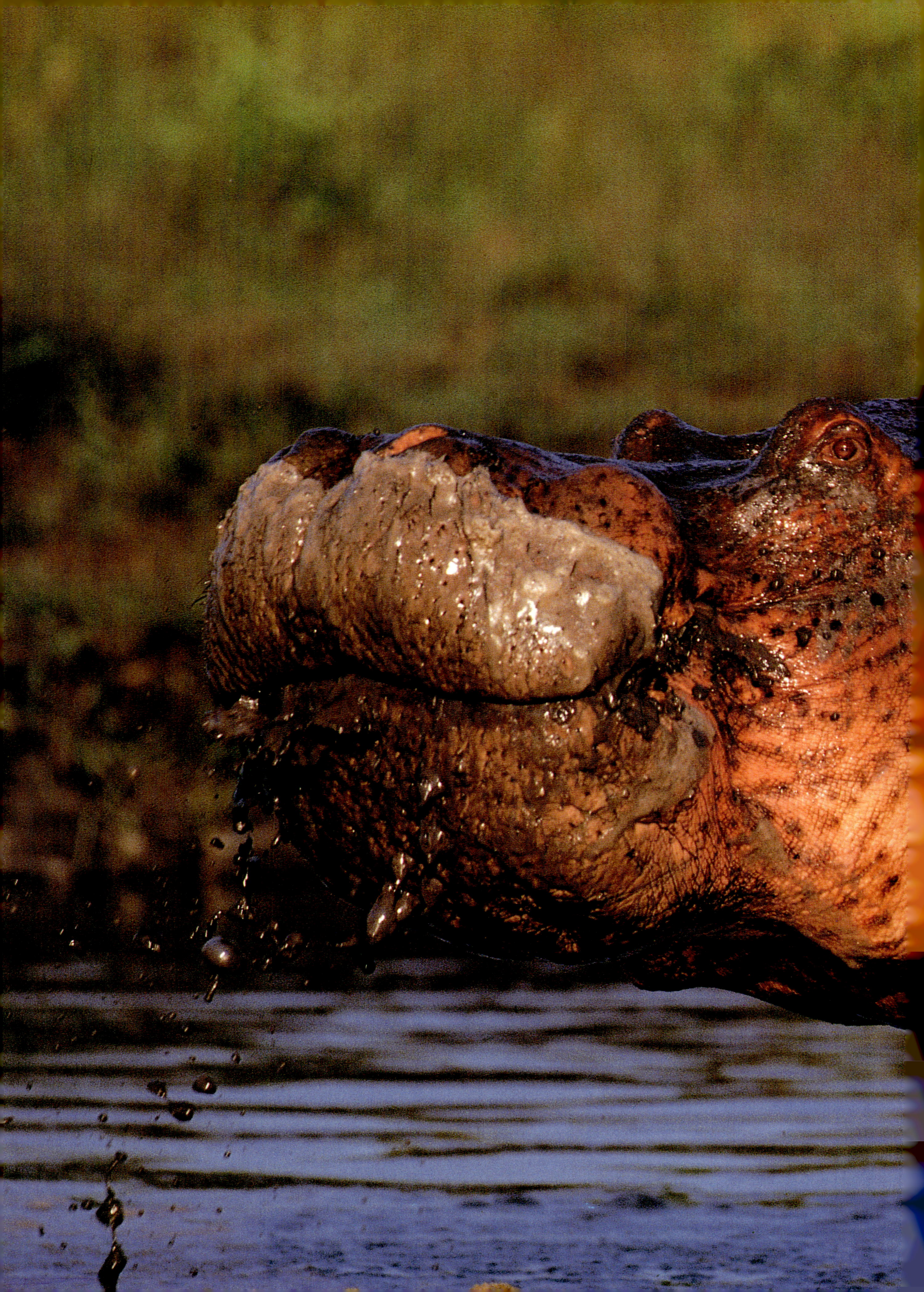

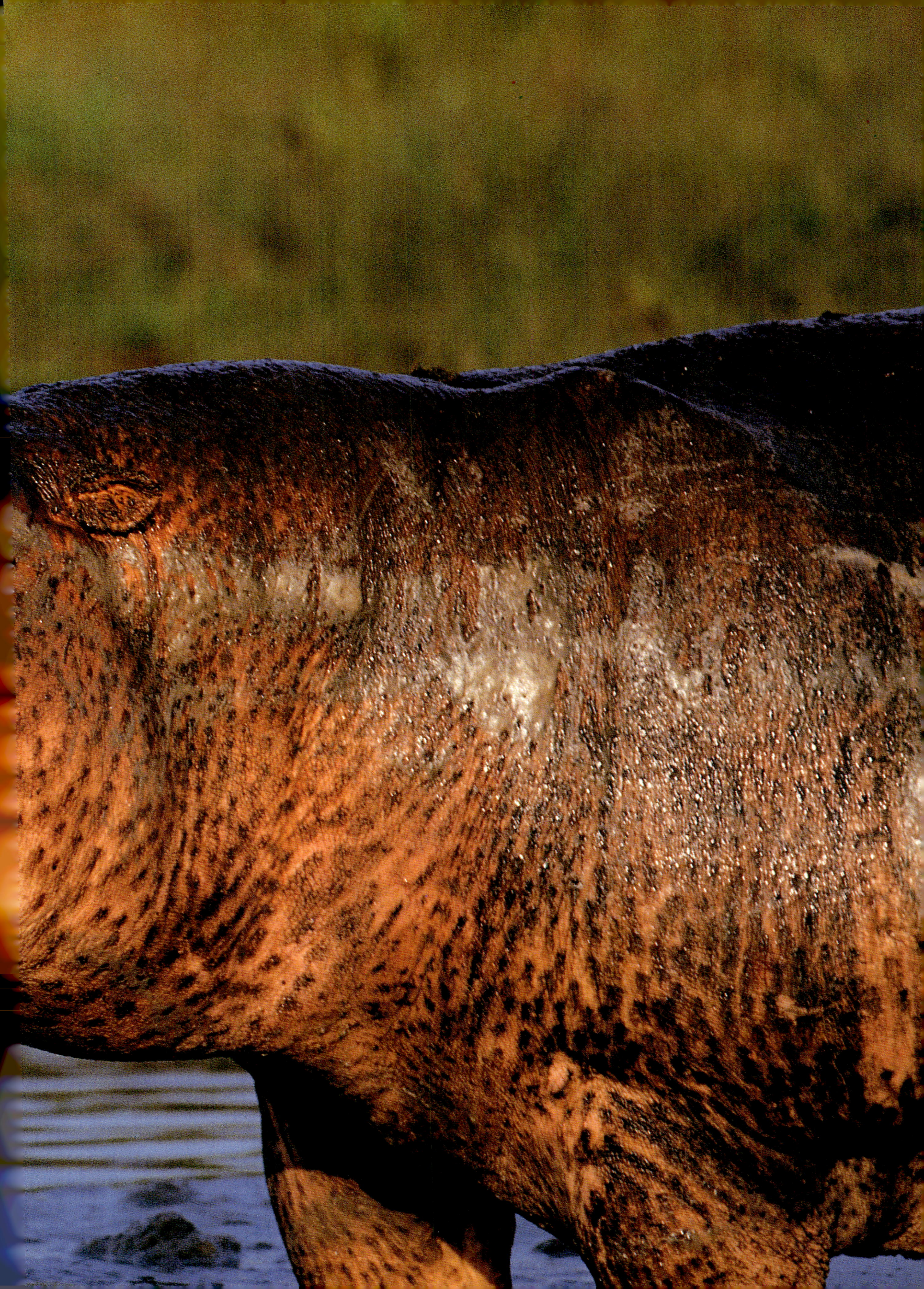

104 und 105 *Elefanten lieben es, sich mit Schlamm oder nassem Sand zu bespritzen: Sie nehmen einen Rüssel voll davon und werfen ihn auf Brust, Rücken, Seiten oder Kopf. Beim Trocknen bildet sich eine Kruste, die vor der Sonne und vor Insektenstichen schützt. Eine sehr nützliche Sache, die dem Tier auch besonders viel Spaß zu machen scheint!*

Von den rosa Flamingos hingegen, gibt es nur einige zehntausend, die friedlich mit den anderen zusammenleben, ohne in Konkurrenz zu treten, denn sie ernähren sich vor allem von Gliederfüßern. Wenn sie Nahrung suchen, gehen die Flamingos mit dem Kopf nach unten, sodass die Oberseite ihres Schnabels horizontal ist. Dieser ist ein besonders gut angepasstes Werkzeug: Sein Rand ist mit starren Lamellen besetzt, die im Wasser enthaltene Partikel filtern. Die Paarungstänze finden gruppenweise oft außerhalb der Nistplätze statt und nicht immer folgt darauf eine Fortpflanzung.

Die Zwergflamingos vermehren sich ausschließlich auf dem Lake Natron in Tansania. Die ganze Kolonie legt fast zur gleichen Zeit Eier. Eines neben dem anderen stehen die kegelförmigen Nester, die aus aufgehäuftem Schlamm, Federn und Steinen gebaut sind. Die Eltern grenzen um ihr Nest ein kleines Territorium ab, das sie mit Schnabelhieben verteidigen. Die Küken verlassen das Nest nach acht Tagen und bilden eine Riesengruppe, aus der jedes Elternpaar sein Junges an der Stimme erkennt. Nur ihm würgt es die Nahrung direkt in den Schnabel.

Nicht alle Seen sind stark salzhaltig. Manche enthalten Süß- oder Brackwasser. Das Leben im Wasser wird dann extrem vielseitig, wie im Naivasha-See, im Baringo-See oder im Turkanasee, der berühmt ist für seinen Fischreichtum, von dem Tausende von Krokodilen leben. Mit ihnen leben Tausende verschiedener Vögel. Die hohe Arten- und Individuenzahl derer, die in afrikanischen Gewässern überleben können, liegt darin begründet, dass die Vögel verschiedene ökologische Nischen besetzen. Einige sind spezialisiert auf Oberflächen- oder Tiefenfischerei, wie der Pelikan oder der Kormoran. Dazu kommen Vögel, die nur den Bruchteil einer Sekunde unter Wasser bleiben, die Zeit gerade, um einen Fisch zu packen und ihn herauszuziehen (wie der Eisvogel). Und schließlich die Harpunenvögel, die auf ihre langen, kräftigen Beine gestützt, ihren langen Hals vorschnellen und die Fische im Vorbeigehen aufspießen. Reiher gehen auf

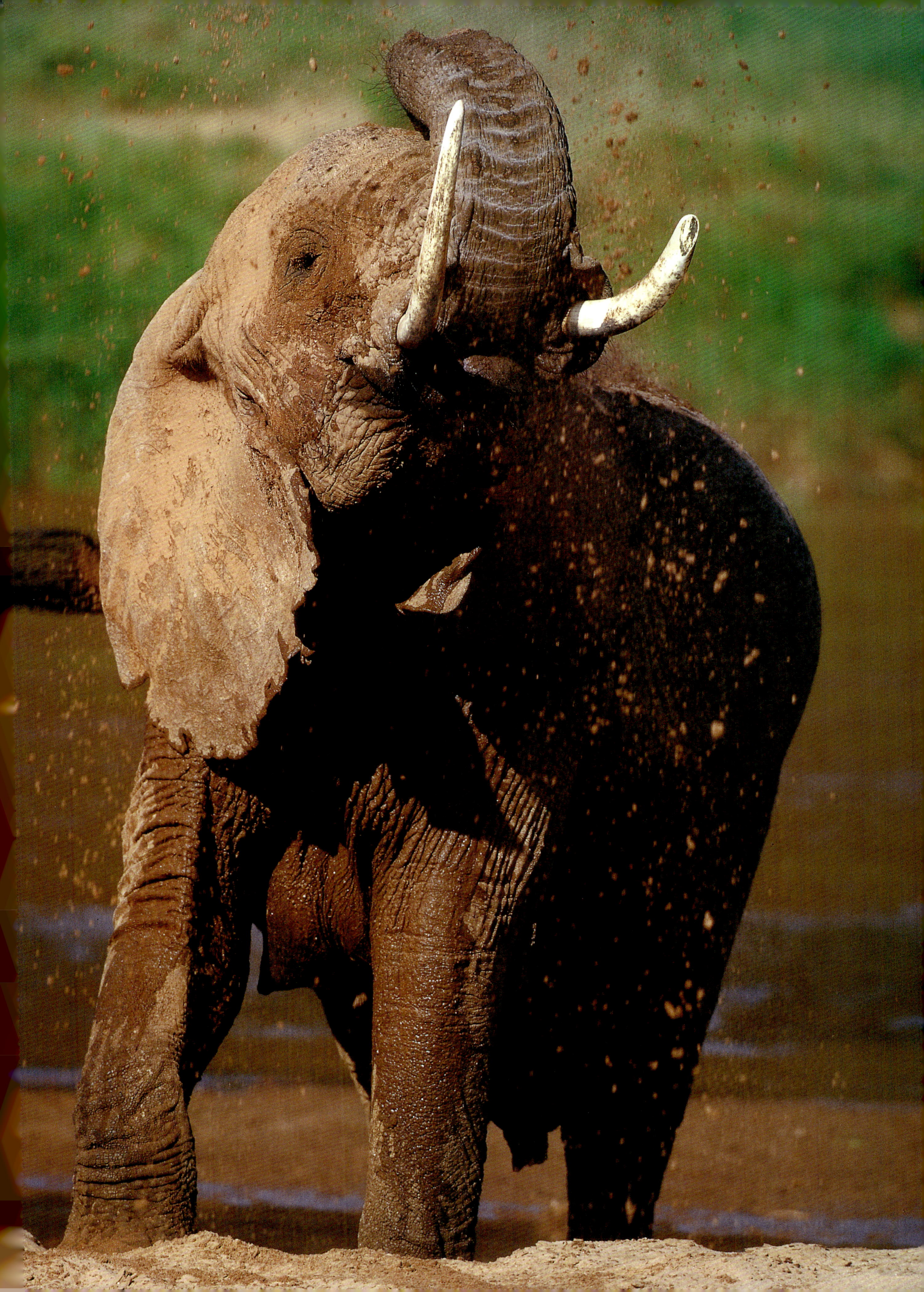

106 *Für die Elefantenjungen ist Badezeit gleich Pause; sie schubsen sich oder klettern aufeinander. Auch die Erwachsenen nehmen an den Wasserschlachten teil. Die Aussicht auf ein Bad in der Trockenzeit lässt die Herde mehr als 30 Kilometer weit gehen.*

106-107 *Elefanten lassen sich nicht von Madenhackern die Parasiten entfernen. Stattdessen werden sie häufig von Kuhreihern begleitet. Diese Vögel leben in Schwärmen; jeden Abend kehren sie an ihre Schlafstätte zurück und treffen am Morgen wieder bei derselben Herde ein.*

107 oben links *Der Elefant saugt mit seinem Rüssel Wasser auf und spritzt es dann in sein Maul. Wenn er kein Wasser findet, ist er in der Lage, in ausgetrockneten Flussbetten mit seinen Stoßzähnen richtige Brunnen zu graben.*

107 oben rechts *Unabhängig davon, wie alt sie sind, Elefanten lieben es, sich im Schlamm zu wälzen. Es ist gut für ihre Haut.*

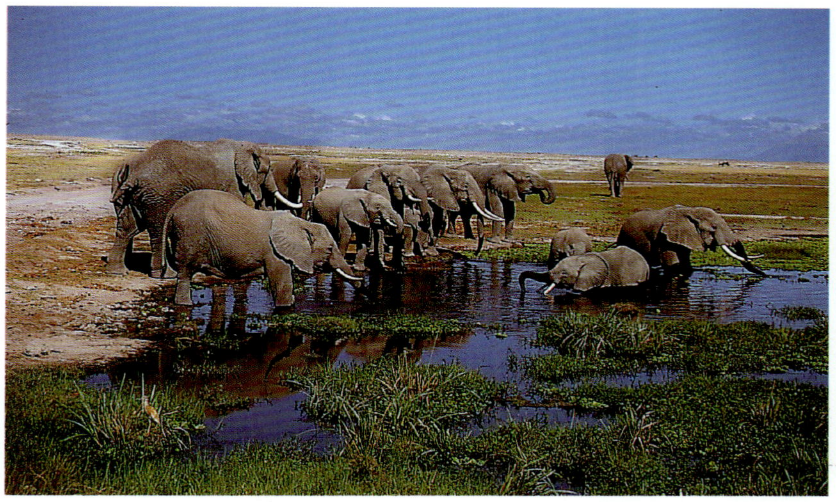
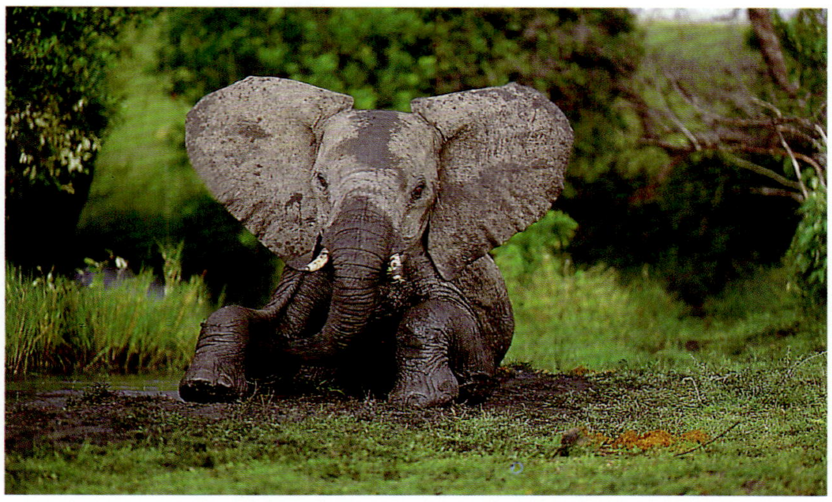
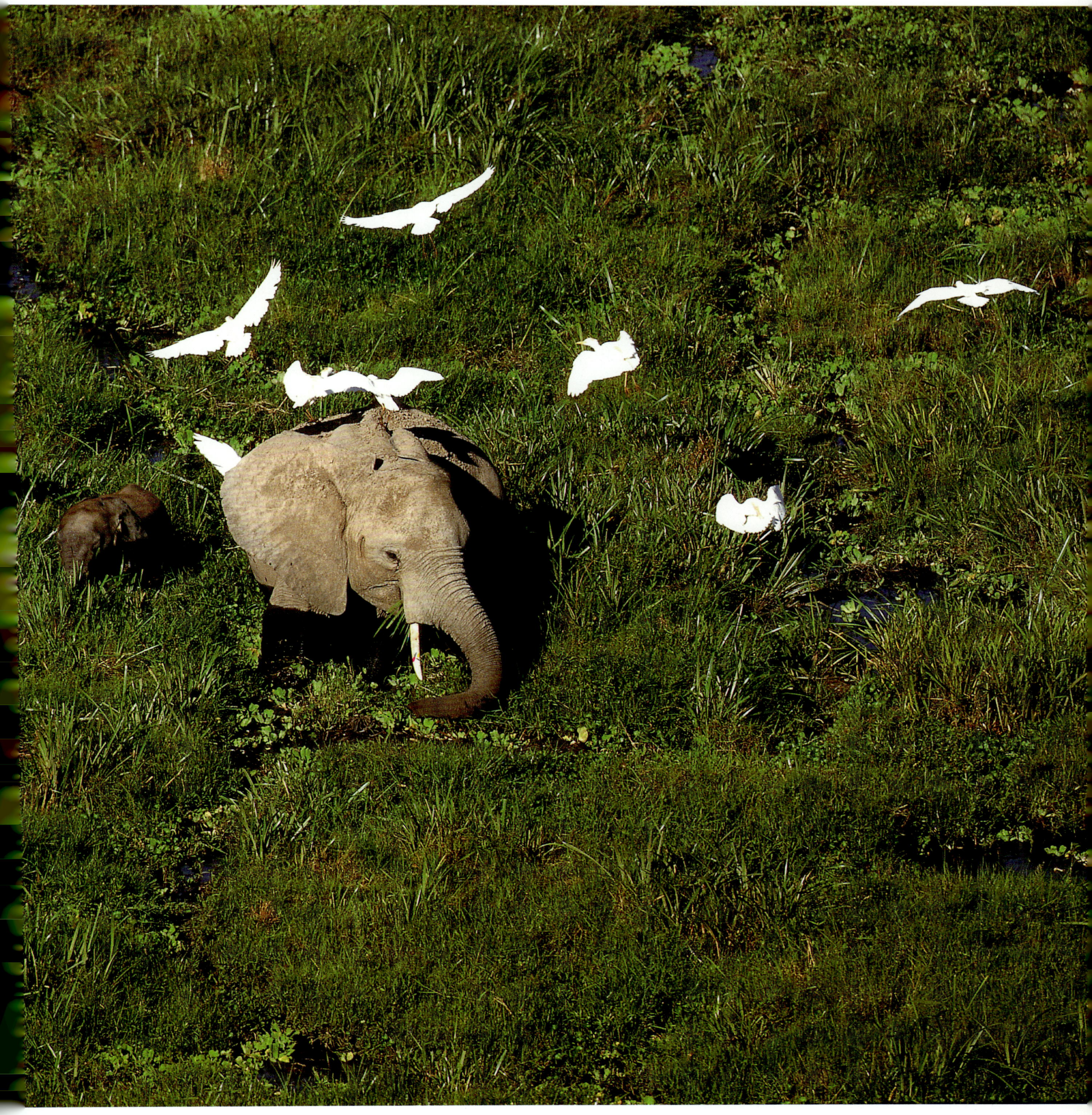

108 und 109 *Zwergflamingos haben viele Feinde: Fleckenhyäne, Schakal, Adler, Geier und Marabu. Wenn sie beunruhigt sind, recken alle Vögel gleichzeitig die Köpfe. Hält die Gefahr an, so bewegt sich die ganze Kolonie in eine Richtung fort. Ein großartiges Schauspiel! Wie eine riesige Welle, die erst langsam beginnt und dann sich überstürzend ihren Höhepunkt in lautem Geschrei nimmt. Der Vogel Strauß bringt sie allerdings nicht aus der Ruhe.*

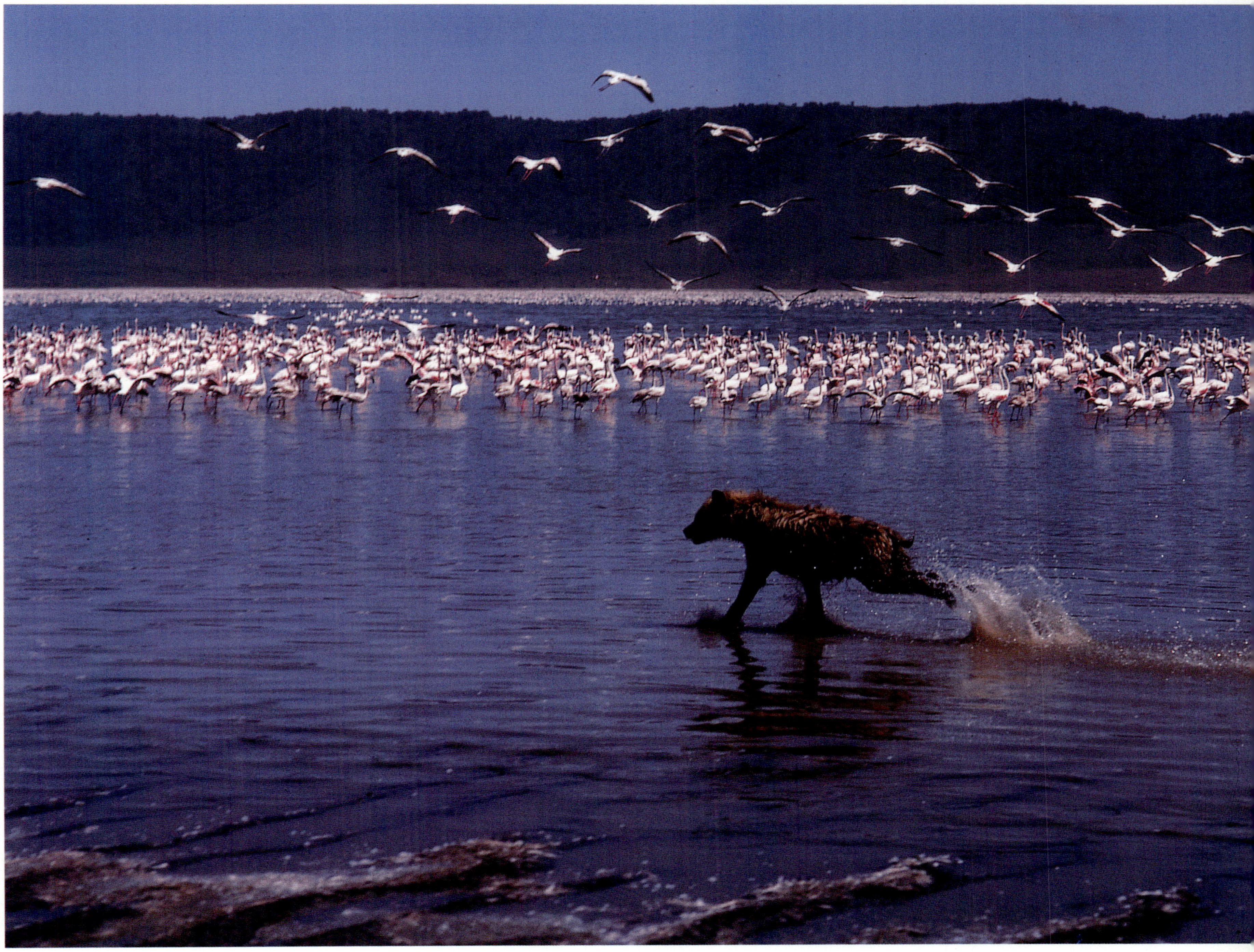

diese Weise vor, aber selbst diese Spezialisten teilen sich die Niveaus auf, um nicht in Konkurrenz zu geraten. Hier lebt also eine der einzigartigsten und bemerkenswertesten ornithologischen Gesellschaften der ganzen Welt. Schließlich stellt das Rift-Valley dank seiner Seenkette und seiner unterschiedlichen Biotope einen wichtigen Migrationsstandort dar. Jedes Jahr überwintern dort Millionen von Vögeln aus Europa.

In den Fisch fressenden Gemeinschaften sind die gefürchtetsten Jäger der Nilbarsch und der Tigerfisch, die auf die Wasserlebewesen einen Druck ausüben, vergleichbar mit dem der großen Fleischfresser an Land. Die anderen Räuber sind das Nilkrokodil und eine beträchtliche Anzahl Vögel. Das erwachsene Krokodil ernährt sich hauptsächlich von Fisch. Es greift auch Tiere an, die zum Trinken kommen. Gelegentlich ist es ein Aasfresser. Ein erwachsenes Tier frisst nur etwa fünfzigmal im Jahr. Da es 60 % der Nahrung in Form von Fett speichert, reicht dies für sein kontinuierliches Wachstum aus. Je nach Alter ändert sich sein Speiseplan. Nach der Geburt fressen die Jungen vorwiegend Insekten, die noch 30 % ihrer Nahrung ausmachen, wenn sie 1,50 Meter lang sind. Zwischen 1,50 Meter und 3,50 Meter fressen sie Weichtiere und Fische. Über 3,50 Meter machen sie sich an größere Beute. Ein altes, ausgewachsenes Krokodil kann zwei Jahre ohne zu fressen überleben und ein Neugeborenes vier Monate. Krokodile halten die Zahl der Nilbarsche, der Tigerfische und der Welse im Rahmen. Sie selbst sind Kannibalen; die Erwachsenen fressen oft ihre Neugeborenen, und ein Großteil ihrer Eier wird vom Nilwaran und den Marabus verschlungen. Daher erreicht ihre Population niemals für die anderen Mitglieder des aquatischen Ökosystems kritische Ausmaße.

110 oben und 111 Der Nimmersatt ist eine afrikanische Storchart. Seine Nahrung findet er in stehenden Gewässern, in denen er, den Schnabel im Wasser, watet und sich auf dessen Tastempfindlichkeit verlässt, um seine Beute aufzuspüren. Sobald er eine berührt, entspannt er seinen Hals und schnappt sie. Eine der schnellsten Reaktionen in der Tierwelt.

110 unten Die Nilgans ist ein Entenvogel mit charakteristischem tiefen und durchdringendem Schrei. In der Fortpflanzungszeit greifen partnerlose Weibchen andere Weibchen an und werben um die Gunst der Männchen.

112-113 Im Verlauf ihrer alljährlichen Migration erreicht die Masse der Gnus den Fluss Mara. Noch zögern die ersten Tiere, ihn zu durchqueren und im Gedränge und der Panik versuchen sie, umzudrehen. Die Welle der Neuankömmlinge überwältigt ihre Vorgänger und taucht sie ins Wasser oder in den Schlamm, schiebt sie gegen Felsen, erstickt und zertrampelt sie in einem zerreißenden Muhen. Von ihrer Mutter getrennte Junge schreien angsterfüllt. Sie sind verloren, denn kein anderes Weibchen wird ihre Pflege übernehmen.

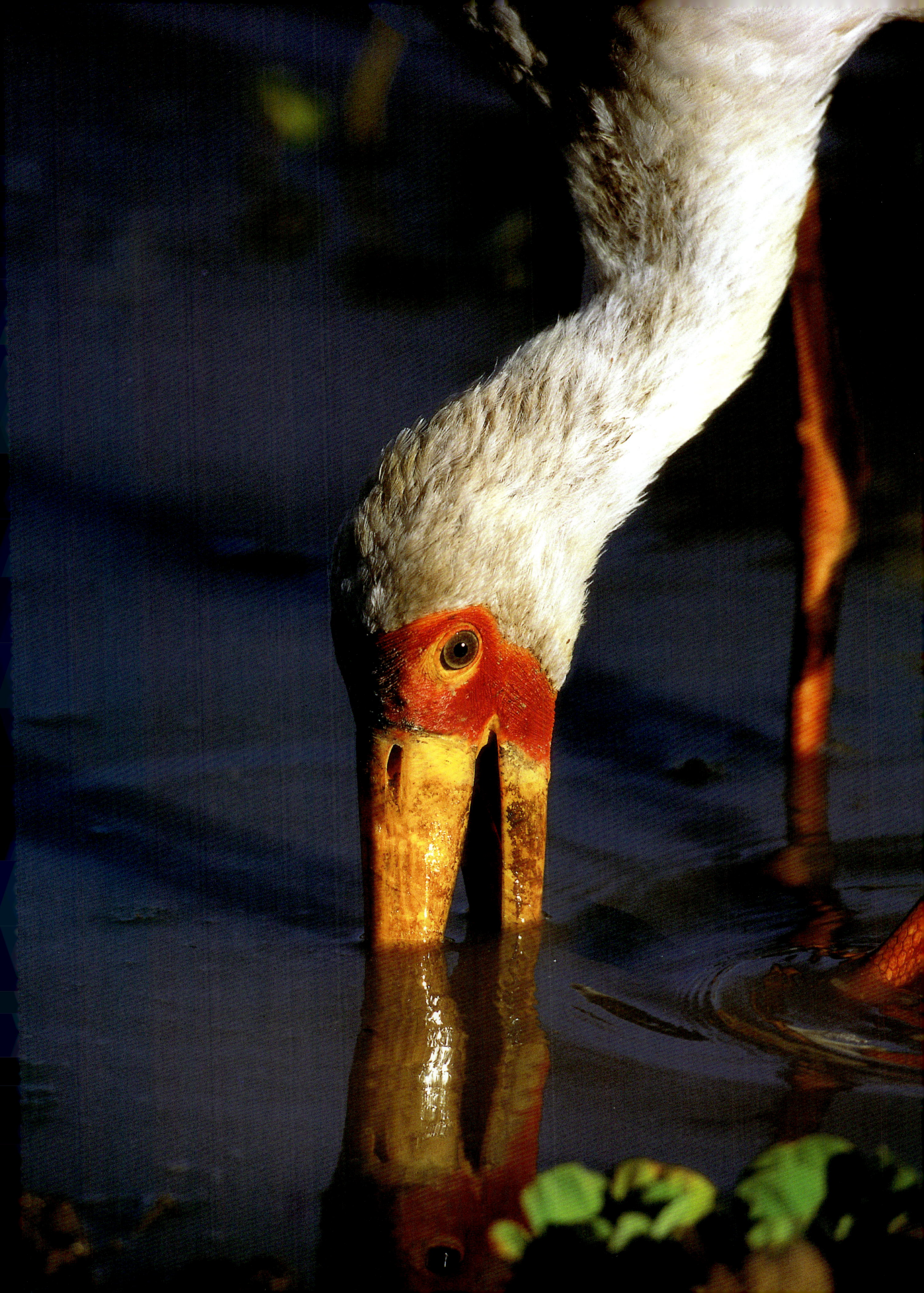

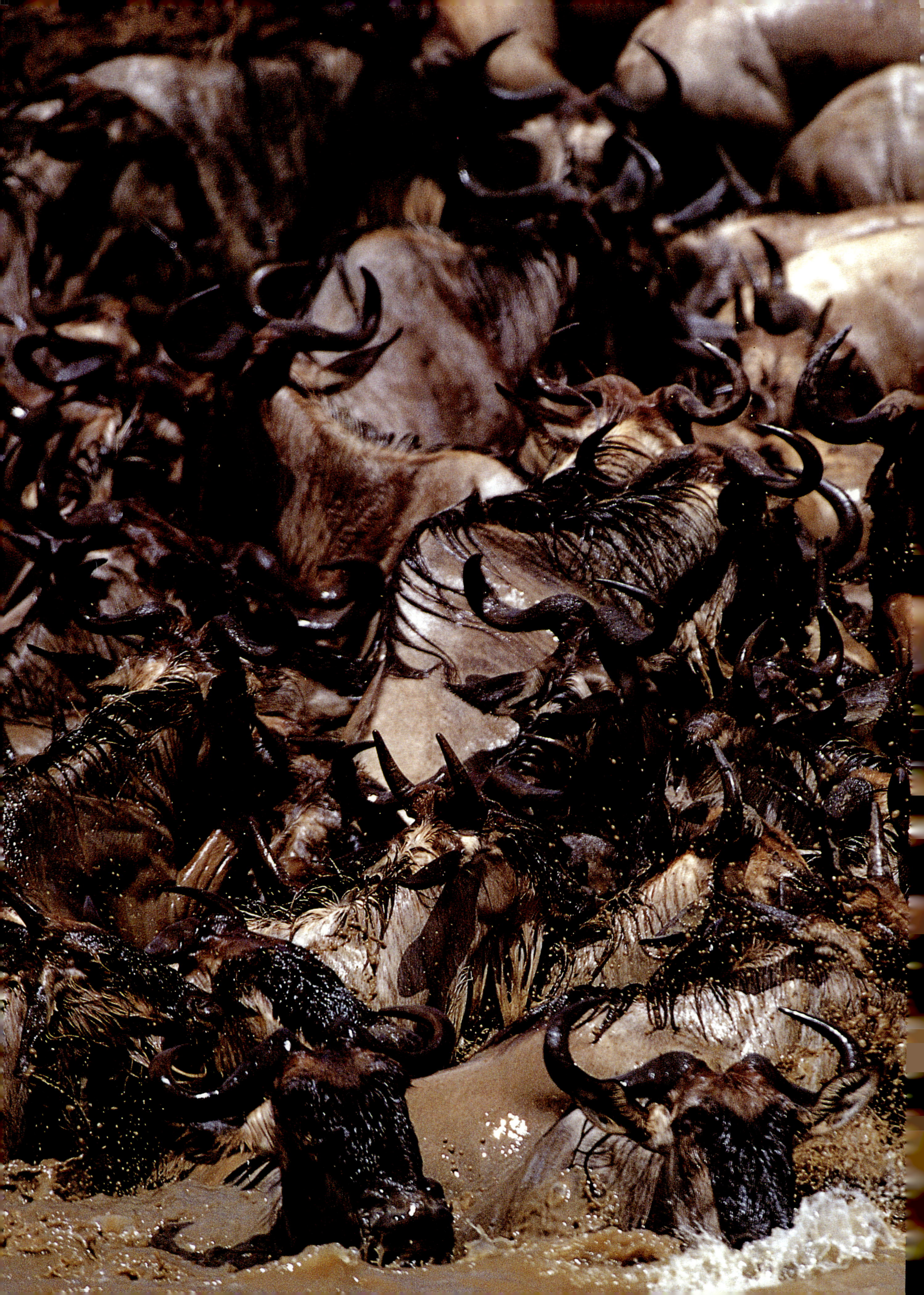

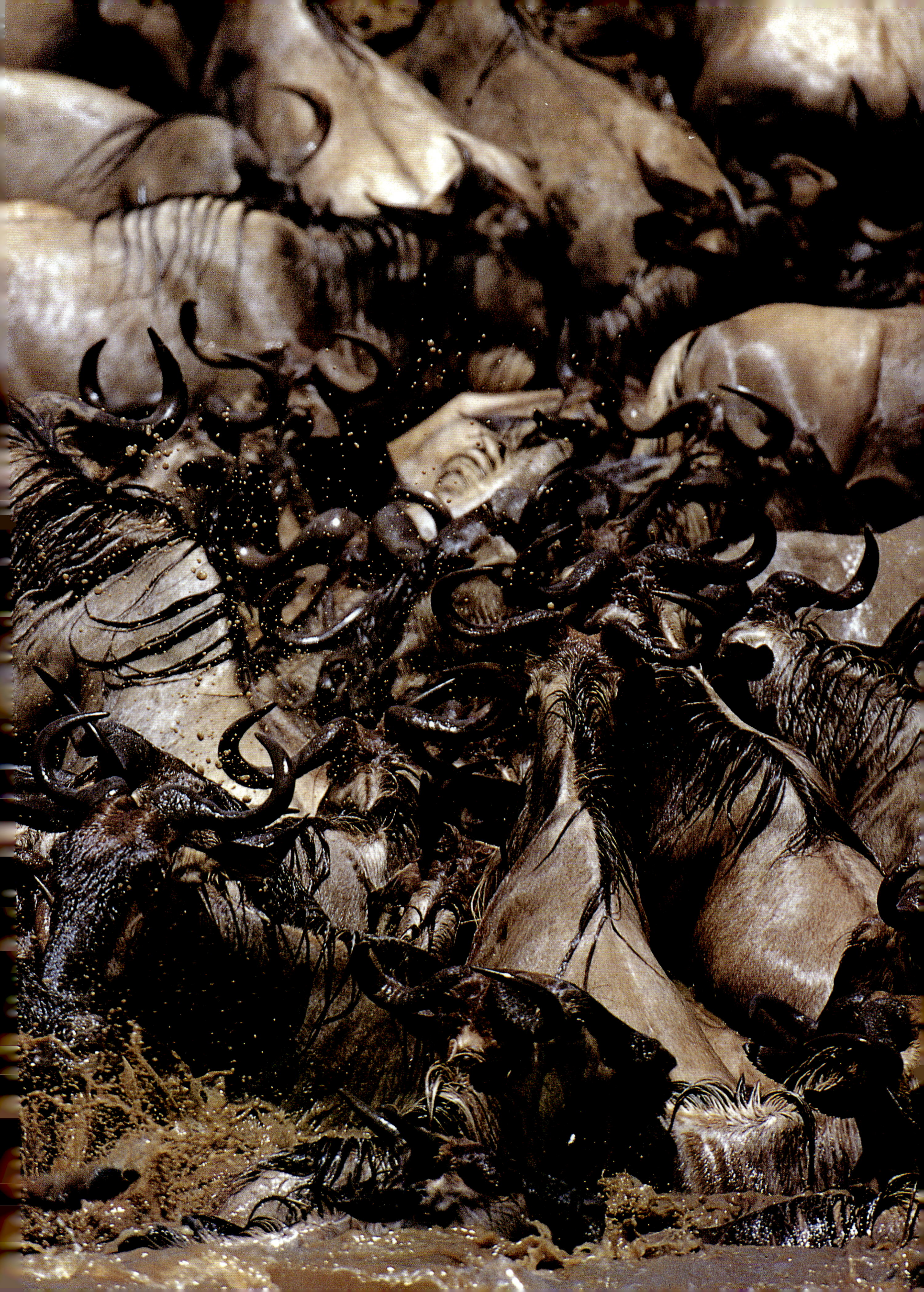

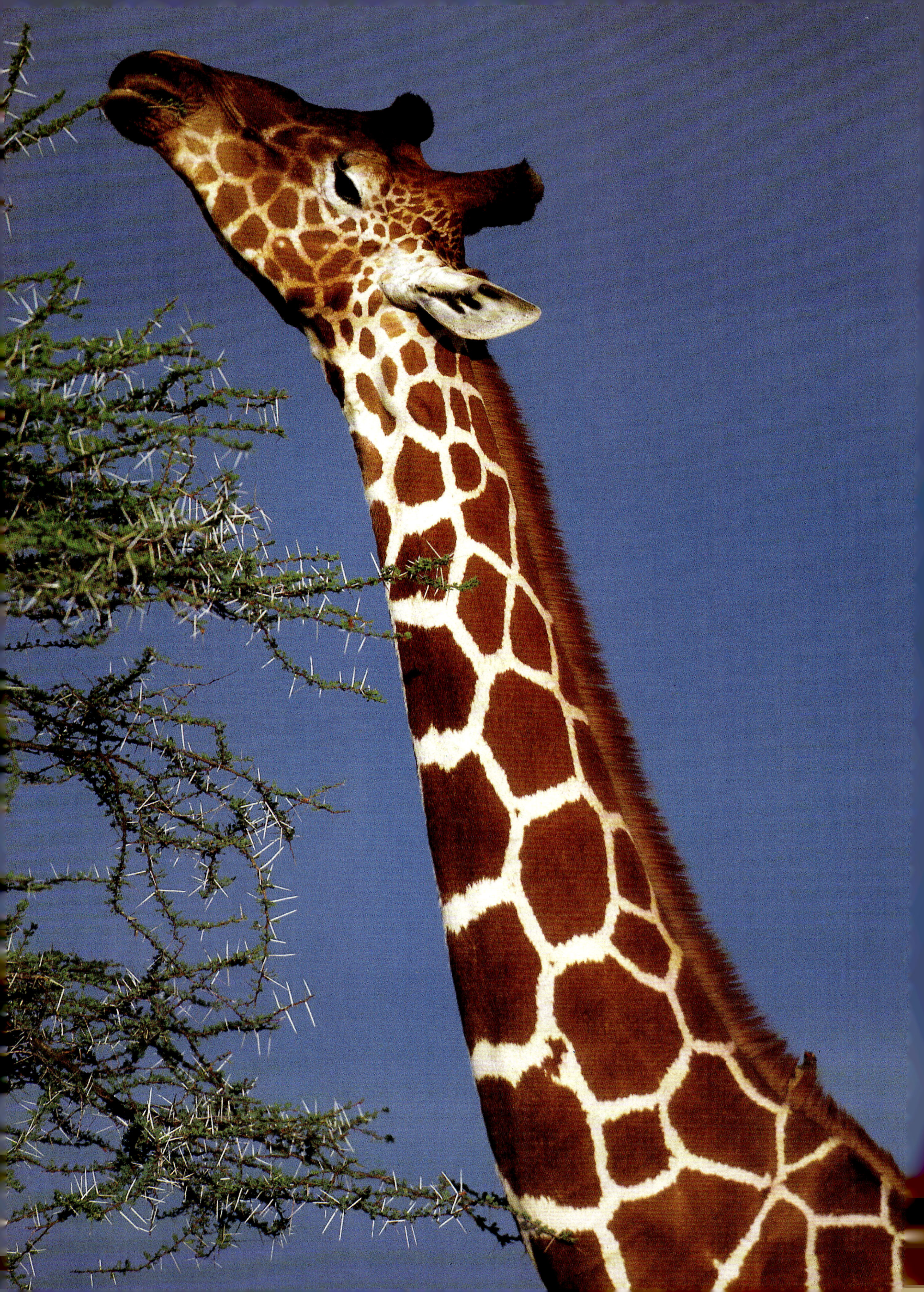

ERNÄHRUNGSKÜNSTLER

114 Die Giraffe kann ihre Zunge 30 Zentimeter weit aus ihrem Maul strecken. So erreicht sie die jungen, proteinreichen Akazientriebe, die ihre Lieblingsnahrung sind.

115 Die Giraffengazelle verdankt ihren Namen ihrem sehr langen Hals. Sie lebt in trockenen Steppen und trinkt fast nie. Sie frisst Blätter, mit Vorliebe die der Akazie, und stellt sich dafür oft auf die Hinterbeine. Auf diese Weise kann sie ihre Nahrung in 3 Metern Höhe erreichen, wo sie von den anderen Antilopen keine Konkurrenz fürchten muss.

Lange Zeit machte man sich vom wilden Afrika folgendes Bild: ein riesiger, geheimnisvoller und undurchdringbarer Urwald, bewohnt von blutdürstigen Fleischfressern, die gegen Grasfresser, die ewigen Opfer, einen gnadenlosen Krieg führen und sich selbst gegenseitig zerfleischen.
In den Savannen Ostafrikas grasen in den heißen Stunden Zebras, Gnus, Gazellen und andere Herbivore ruhig, manchmal nur wenige hundert Meter von im Schatten kleiner Büsche liegender Löwen. Leoparden schlafen friedlich in einem Baum. Nur ein paar Wachen suchen den Horizont ab. Aufregung ergreift die Herden nur während des Angriffs, dann kehrt wieder Ruhe ein. Grasfresser könnten kein Leben unter Dauerstress führen, es würde sie an der Fortpflanzung hindern. Jeder hat seinen Platz in diesen großen afrikanischen Savannen, die sehr große Tieransammlungen beherbergen. Pflanzenfresser sind am stärksten und am artenreichsten vertreten. Aber insgesamt stellen die Tiere nur ein Prozent der lebenden Materie dar, den Rest bilden die Pflanzen. Diese binden die Lichtenergie der Sonne durch Photosynthese und wandeln sie in chemische Energie, in Form von organischem Material, um. Davon ernähren sich die Vegetarier unter den Tieren, bevor sie selbst von Beutejägern gefressen werden. In den langen Nahrungsketten, an deren Spitze die Allesfresser stehen, frisst jeder seinen Vorgänger. Die Aasfresser kümmern sich um die verschiedenen Kadaver, deren Mineralstoffe in den Boden zurückkehren, wo sie wieder von den Pflanzen aufgenommen werden. Und so schließt sich der Kreislauf stets aufs Neue. In der Savanne, auf freiem Feld, sind alle Interaktionen leicht zu beobachten. Die Nahrungsketten und die Rangordnung unter den Tieren gehören zu den alltäglichen Ereignissen, die sich vor den Augen aller abspielen. So recycelt zum Beispiel der Mistkäfer Kot und Mist der Huftiere in Kugeln, in denen er seine Eier ablegt und sie dann vergräbt.
Die Vegetarier unter den Tieren sind so zahlreich, dass sie nur dank einer Lebensraumver-

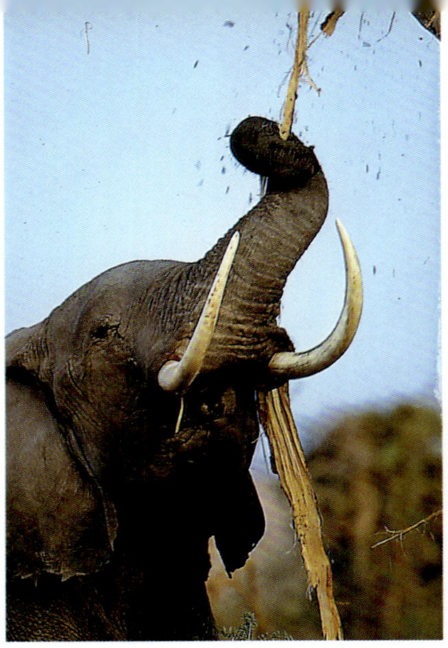
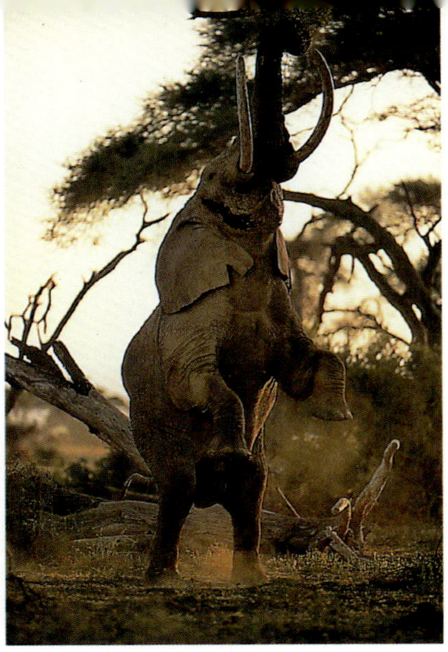
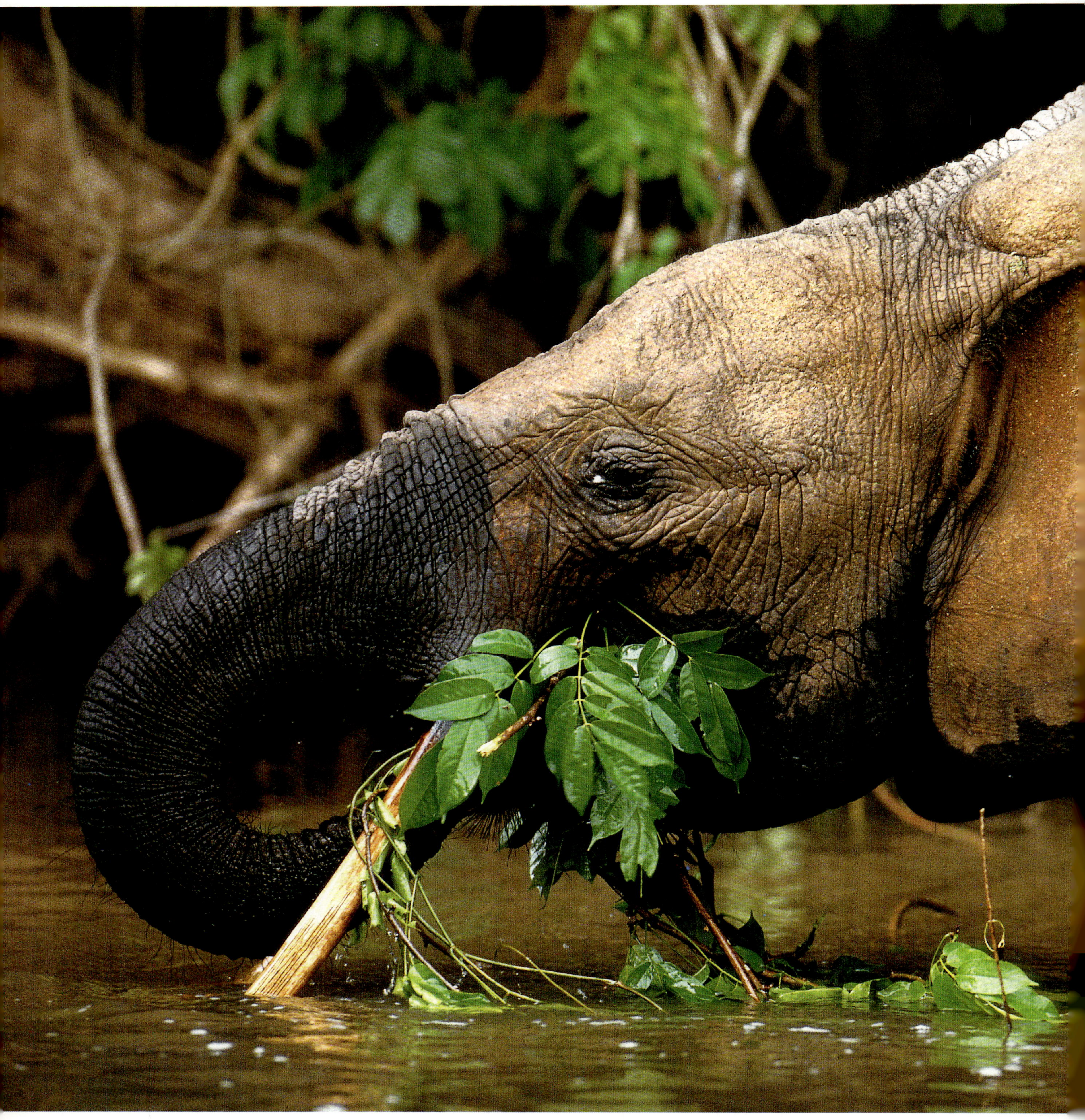

teilung und unterschiedlichen Nahrungsgewohnheiten zusammenleben können. Elenantilopen und Kudus ziehen Wälder mit relativ dichter Vegetation vor; Oryx und Pferdebock wohnen in Trockenwäldern und ariden Gebieten, während der Wasserbock immer in Wassernähe lebt und die Gazellen sich in offenen Lebensräumen und eher trockenen Zonen aufhalten. Ein wichtiger Ernährungsunterschied besteht zwischen den Arten, die Blätter fressen, den Phyllophagen, und denen, die Gras fressen. Tiere der ersten Kategorie haben einen länglichen Kiefer, den sie gezielt benutzen. Grasfresser dagegen haben ein breites Gebiss und Schneidezähne, die nur ungenau zupacken können. Die Spezialisierung ist aber nicht unumstößlich, denn Impalas, Elenantilopen und Elefanten können beides: Während der Regenzeit ernähren sie sich vor allem von Gras und in der Trockenzeit von Blättern. Blätter enthalten zwei- bis dreimal soviel Proteine wie Gras, selbst in der Regenzeit. Der andere große Unterschied zwischen den Huftieren ist das Wiederkäuen. Die Wiederkäuer lagern die Nahrung schnell in ihren Magen ein, ohne sie zu kauen. Dort wird sie von Mikroorganismen angegriffen, und während der Verdauung werden Proteine und Kohlenhydrate produziert, die dem Tier beträchtliche Energie liefern. Dagegen erfordert die geringe Nahrungsausbeute bei den Nichtwiederkäuern eine größere Nahrungsmenge als bei Wiederkäuern des gleichen Gewichts. Dieser Gegensatz hat auch Folgen für die Verteilung der Arten. Wiederkäuer können keine Pflanzen fressen, die reich an Gerbstoffen oder Harzen sind. Die Mikroorganismen in ihrem Pansen würden zerstört. Zebras, Nashörner und Elefanten – als Nichtwiederkäuer – können in trockenen Gegenden leben, wo die Nahrung reichlich, aber von minderwertiger Qualität ist. Auch die Größe der Arten spielt bei ihrer Verteilung und der Ernährungsweise eine Rolle. Giraffen haben Zugang zu Quellen, die von anderen Tieren nicht genutzt werden. Ihre Grundnahrung besteht aus jungen Akazientrieben. Da es von diesen nicht allzu viele gibt, bleibt das

116 oben links *Ein Elefant reißt die Rinde einer Akazie ab – der Baum wird absterben.*

116 oben rechts *Trotz seines großen Bedarfs ist der Elefant ein Feinschmecker. Wenn das untere Stockwerk der Vegetation erschöpft ist, hebt er seinen Rüssel wie einen mächtigen Fangarm in das nächste Stockwerk, um dort die reichsten und zartesten Triebe zu pflücken. Und wenn das immer noch nicht genügt, dann stellen sich manche, und das scheinen nur Männchen zu sein, auf ihre Hinterbeine, um noch höher zu kommen.*

116-117 *Die Nahrung eines Elefanten ist abwechslungsreich: Gras während der Regenzeit, Blätter, Wurzeln, Knollen, Rinde und selbst Holz. Um dieses harte Material zerkleinern zu können, ist sein Kauapparat besonders kräftig. Jeder seiner Halbkiefer trägt nur einen einzigen Zahn, der riesig ist und tief gefurcht. Wenn er abgenutzt ist, wird er ersetzt.*

Tier nicht lange bei einem Baum und er erleidet nur wenig Schaden. Ist der Endtrieb beschnitten, so wird eine Seitenknospe zur Hauptknospe und bringt einen neuen Trieb hervor. Im Verlauf der Monate verfügt die Giraffe über eine ihren Anforderungen entsprechende Nahrung, die sie sich selbst in Stand hält. Sie kann es sich leisten, wenig zu essen, da sie sich Hochkonzentriertes wählt. Nicht so der Elefant, der ein Verschwender ist. Er braucht täglich 150 bis 200 Kilogramm Nahrung und muss oft mehr als 16 Stunden für die Suche aufbringen. Große vegetarisch lebende Arten müssen logischerweise mehr Nahrung aufnehmen als kleine. Da ihr Stoffwechsel schwach ist, müssen sie vor allem mehr Masse zu sich nehmen. Die Zeit zur Nahrungsaufnahme ist begrenzt und so sind sie gezwungen, schnell große Nahrungsmengen zu sich zu nehmen, ohne hohe Anforderungen an die Qualität zu stellen: qualitativ schlechtes Gras für die Büffel, Stengel für die Zebras und Holz für die Elefanten. Die kleinen Arten mit ihrem höher entwickelten Stoffwechsel verdauen schneller. Der Schlüsselfaktor für sie ist der Proteingehalt ihrer Nahrung und je kleiner sie sind, desto größer muss die Qualität ihrer Nahrung sein. All dies findet sich in der Auswahl der Pflanzen und des gefressenen Pflanzenteils wieder. Im Fall der migrierenden Arten: Die Großen, wie Büffel und Zebra bereiten die Ankunft der Kleinen vor; wenig wählerisch fressen sie die zähen Teile der Gräser und legen die zarteren Teile frei für die kleinen Wiederkäuer wie Gnus, Topis oder Thomsongazellen. Das Gnu selbst regt beim Grasen die Bildung junger, proteinreicher Blätter an, die von den kleinen Gazellen gefressen werden. Ohne dieses einleitende Abgrasen würden die Blätter nicht wachsen. Auf diese Weise schafft es das Ökosystem Serengeti/Masai-Mara eine unglaubliche Menge von Tieren zu ernähren.

Alle großen Grasfresser sind begehrte Beutetiere der Savannenjäger: Löwen, Leoparden, Geparden, Hyänen oder Hyänenhunde. Alle diese Fleischfresser greifen bevorzugt junge, alte, kranke oder verletzte Tiere an und nur

118 Die Löwin ist dabei, das Topi zu ersticken. Dieses ist wie betäubt durch den Schock; ein psychischer Mechanismus versenkt das angegriffenen Tier in eine Art Koma; so erklärt sich, dass es, selbst unverletzt, in der Umklammerung des Raubtiers bleibt. Ein Zoologe wollte ein Stück Fleisch aus einem Gnu schneiden, das von Löwen gefangen und anscheinend tot war. Doch zu seiner großen Überraschung stand dieses wieder auf und flüchtete, nachdem die Löwen entfernt waren!

118-119 Die Löwin hat aus der Herde ein Topi ausgewählt, auf das sie sich stürzt. Dabei streift sie einen anderen Grasfresser, den sie ignoriert, denn, einmal in vollem Lauf, kann sie die Richtung nicht mehr ändern. Das Topi springt hoch und versucht zu fliehen, aber die Raubkatze beißt sich in seinen Hinterläufen fest und folgt dem Sprung.

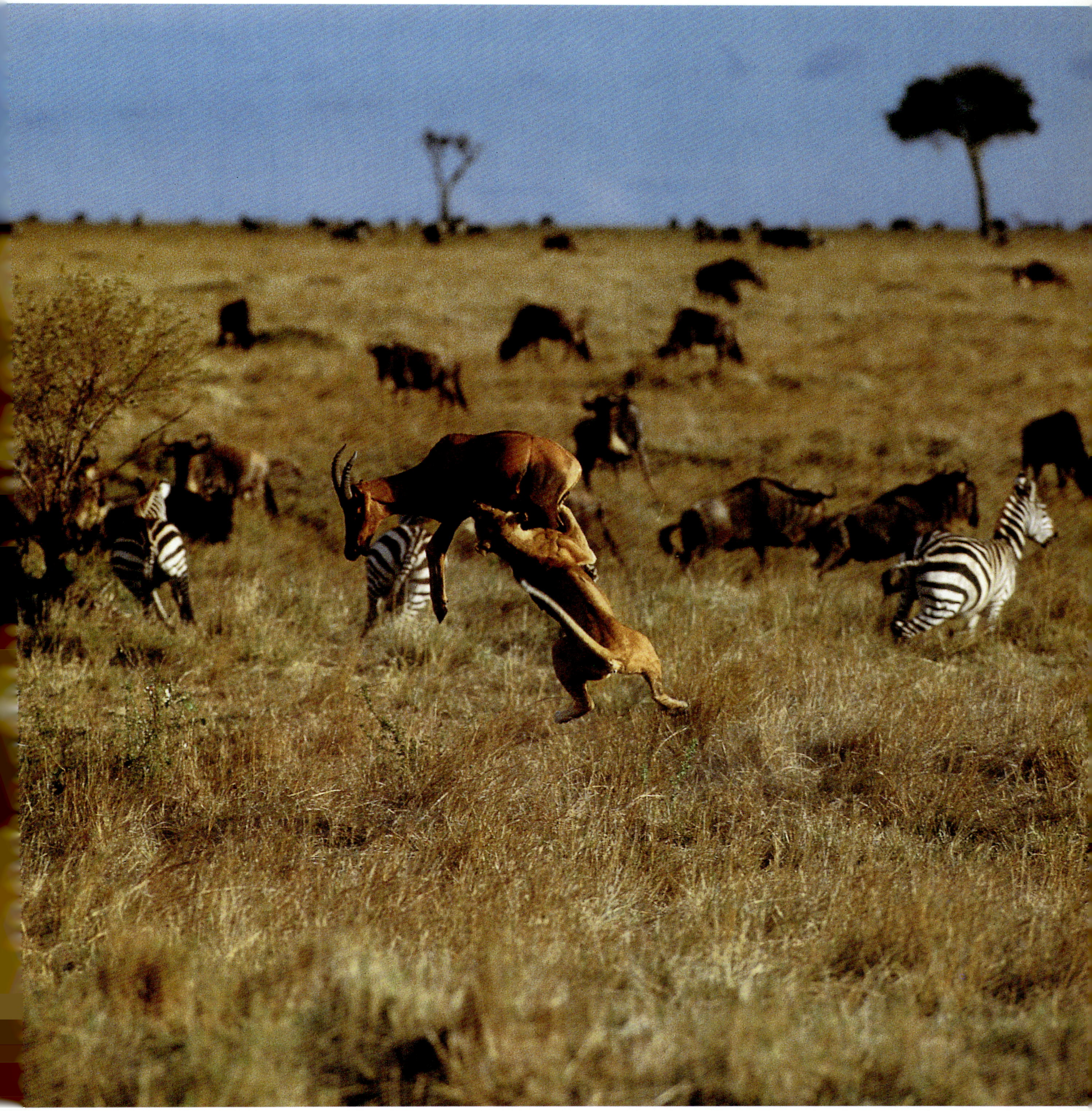

äußerst selten ausgewachsene, kräftige Tiere. Aber sie haben unterschiedliche Jagdtechniken und Nahrungsgewohnheiten; manche sind Beutejäger und Aasfresser zugleich. In den offenen Gegenden, wo sie meist leben, sind die Löwen sehr gut aufzufinden, die mit Vorliebe nachts, im Morgengrauen oder in der Abenddämmerung jagen. Außerdem sind manche Beutetiere in der Lage, sich gegen einen einzelnen Jäger mit Huftritten, Schlägen mit den Hörnern oder, für die Größeren unter ihnen, auch mit Gegenangriffen zu verteidigen. Die Jagd zu mehreren ist deshalb viel wirkungsvoller und sicherer: Ein einzelner Löwe hat eine Chance von 8 % seine Beute in der Hetzjagd zu töten. Die Erfolgschancen steigen auf 30 %, wenn sie zu zweit oder mehr sind. Außerdem können sie durch das Jagen in Gruppen größere Tiere erlegen. Innerhalb des Rudels sichern die Löwinnen zu 80 bis 90 % die Jagd; die Männchen nehmen wenig daran teil. Die Spitzengeschwindigkeit dieser Wildkatze liegt bei 58 km/h gegenüber 80 km/h bei manchen ihrer Beutetiere. Ein einzelner Löwe legt sich lieber im hohen Gras auf die Lauer: Er macht ein mögliches Opfer aus und versucht, sich ihm auf 20 bis 30 Meter zu nähern, ohne aufzufallen. Hat er es geschafft, auf diese Distanz heranzukommen, kann er seinen Angriff starten und die Beute zu Boden werfen. Mit seinem ganzen Gewicht auf ihr liegend, packt er sie an der Kehle und tötet sie. Wenn die Löwinnen in Gruppen jagen, dann umzingeln sie ihre Beute. Einige gehen offensichtlich an die Tiere heran, während andere ins Gras geduckt abwarten. Die Ersten verursachen die Flucht der Opfer in Richtung derjenigen, die sich versteckt halten. In der Serengeti stellen die Gnus etwa 50 % der Beute der Löwen. Knapp dahinter folgen Zebra und weiter hinten Büffel, Kaphirsch und Gazellen. Man hat gezählt, dass ein ausgewachsener Löwe im Durchschnitt 20 große Grasfresser pro Jahr tötet. Aas fällt ebenfalls in sein Nahrungsrepertoire. Wenn die Beute rar wird, dann fängt er Ratten und frisst Früchte oder Straußeneier.

Der Gepard jagt tagsüber: Das erlaubt ihm, die Konkurrenz mit den anderen großen Wildkat-

120 Die Löwen eines Rudels jagen selten selbst. Sie ziehen es vor, die von den Weibchen getöteten Tiere zu fressen, was sie in 75 % der Fälle tun. 12 % ihrer Beute stehlen sie anderen Fleischfressern und sie selbst töten nur 13 %. Alleinstehende Männchen sind allerdings gezwungen, häufiger zu jagen.

121 Die Löwin hat ein im Gras verstecktes Impalababy gefangen. Diese Raubkatze ist ein Opportunist: Sie nützt die Gelegenheit, ein verletztes oder wehrloses Tier zu fangen.

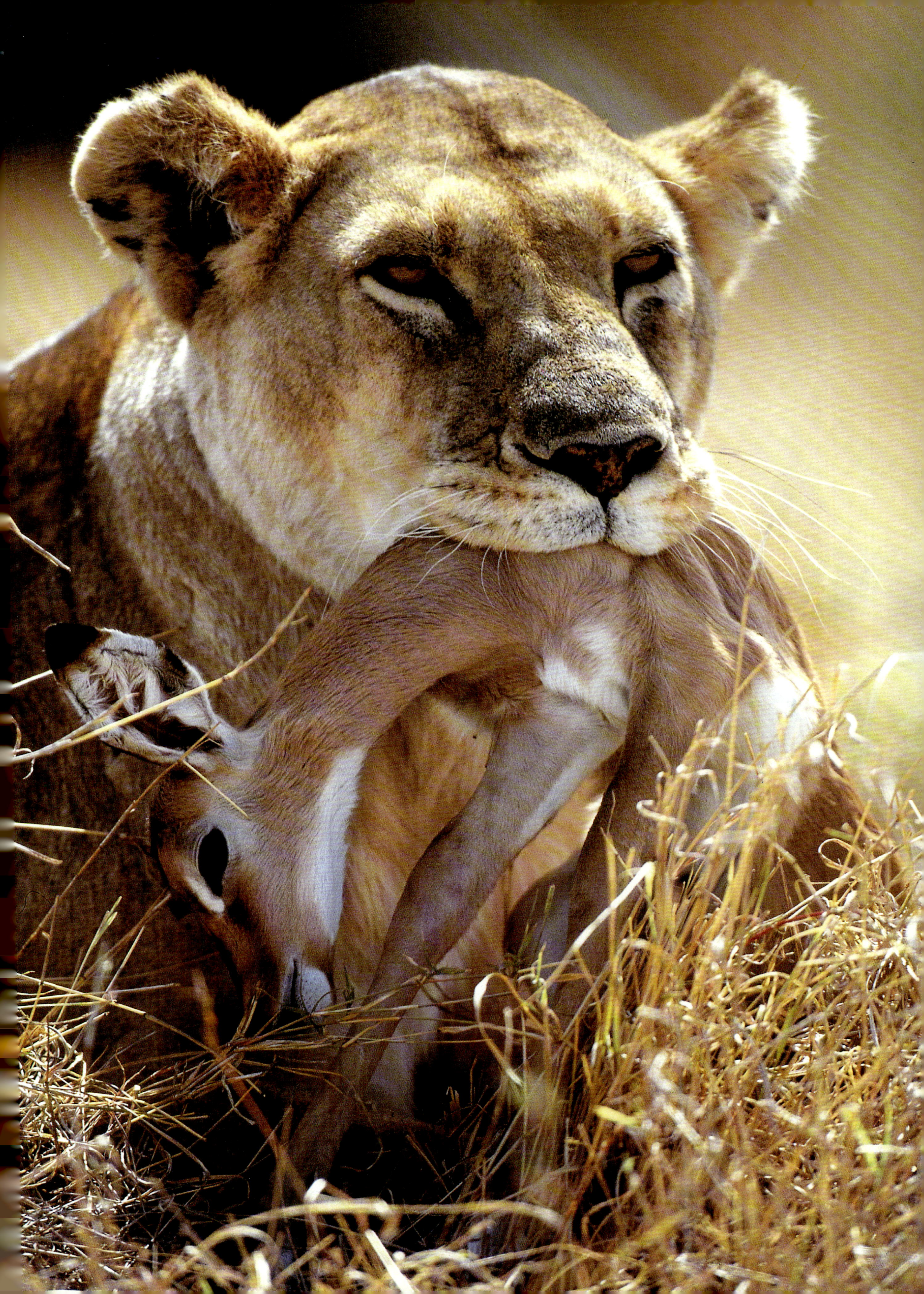

122 Löwen sind in der Lage, 30 Kilogramm Fleisch auf einmal zu verschlingen. Dann kann man verstehen, dass sie eine ganze Woche fasten können!

123 Das Fell der Löwin ist schmierig vom Blut ihrer Beute. Die anderen Löwinnen im Rudel werden ihr beim Säubern helfen, indem sie sie ablecken. Die Oberseite ihrer Zunge ist mit hornigen, nach hinten gebogenen Papillen bedeckt. Sie dienen dazu, Nahrung aufzunehmen, Blut zu lecken und Parasiten zu entfernen.

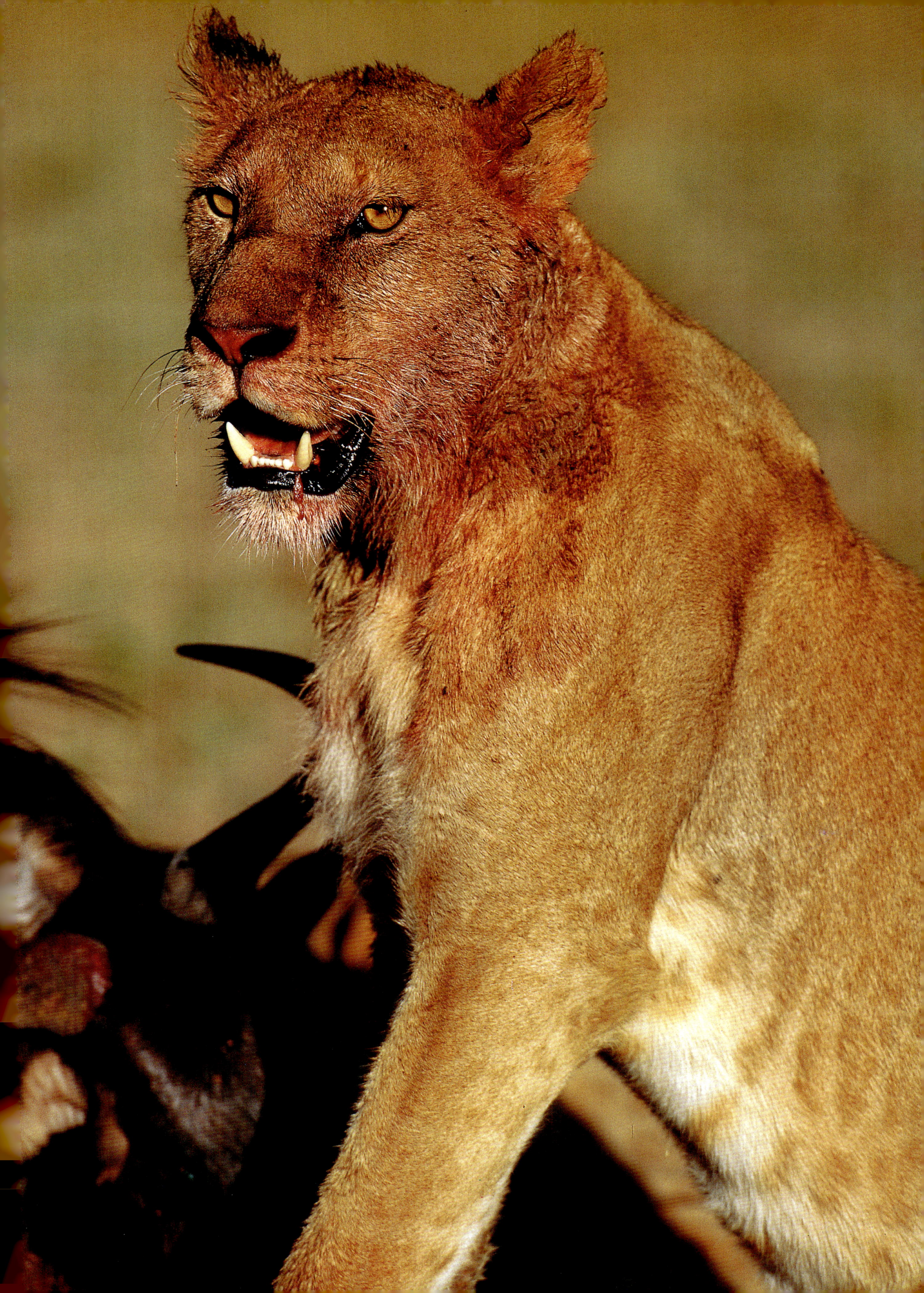

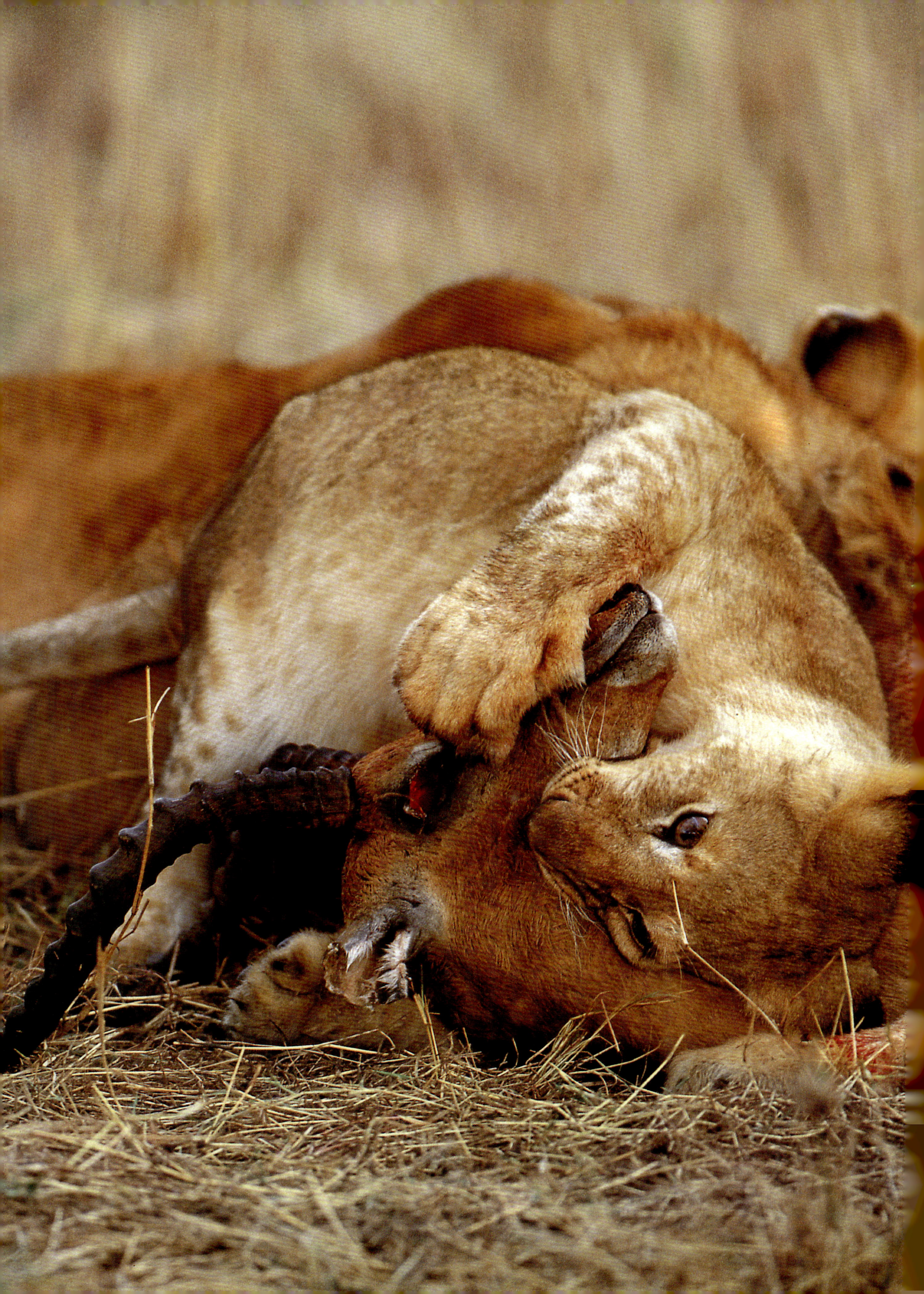

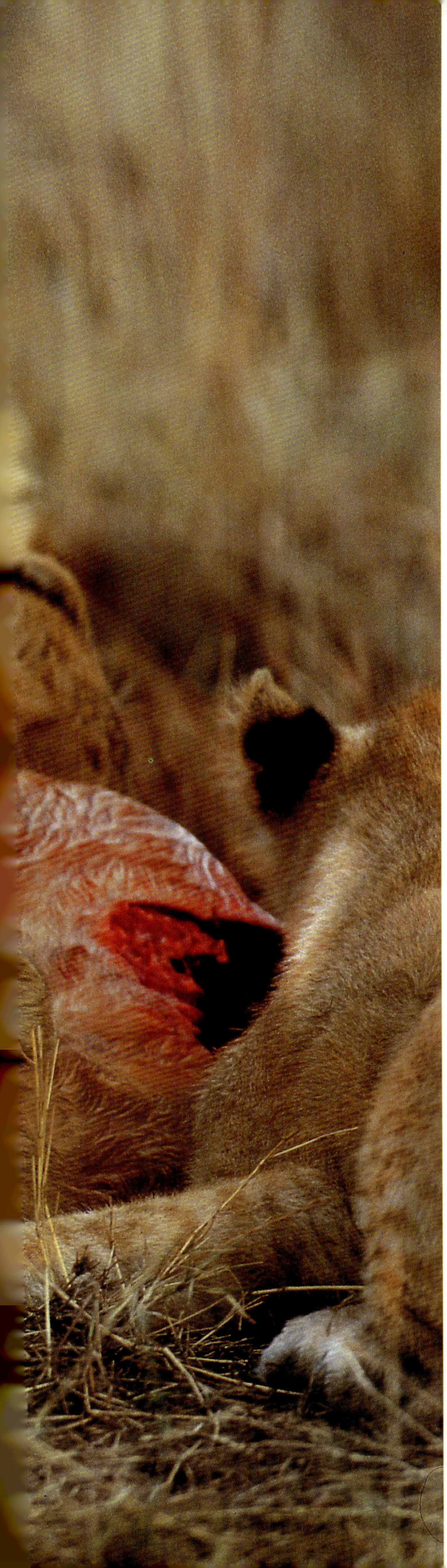

zen zu vermeiden. Er ist das einzige der großen Raubtiere, das schneller rennen kann als seine Beute. Vor der Jagd sucht er den Horizont von der Höhe eines Termitenhügels oder eines Baumstumpfes ab. Oft spielt er mit offenen Karten und sucht sein zukünftiges Opfer unter den Tieren aus, die bei seiner Ankunft flüchten. Hat er einmal gewählt, rennt er aus Leibeskräften los. Er darf seinen Sprint nicht mehr als 100 Meter von seinem Ziel entfernt beginnen, sonst hat die anvisierte Antilope oder Gazelle die Zeit, sich innerhalb der Herde zu verstecken oder sie entkommt ihm, denn sie kann länger als er schnell laufen. Nach 400 Metern schnellen Laufens muss der Gepard sich ausruhen, denn er ist innerhalb weniger Sekunden erschöpft. Sein Lieblingsopfer ist die Thomsongazelle. Diese Wildkatze ist kein Aasfresser, sie kommt niemals zu einer Beute zurück und frisst nur die, die sie selbst getötet hat. Das Weibchen jagt immer allein, außer es hat Junge, im Alter ihr zu helfen. Die Männchen verbünden sich manchmal und jagen dann größere Beute.

Der Leopard kann sich dank seiner ausgezeichneten Tarnung, die ihm sein Fell und die Lautlosigkeit seiner Bewegungen einbringen, seiner Beute nähern, ohne bemerkt zu werden, und springt sie überraschend an. Er kann jedoch nicht lange rennen. Sein scharfer, an die nächtlichen Verhältnisse angepasster, Blick erlaubt es ihm, vor allem nachts zu jagen. Meistens schleppt er seine Beute auf einen Baum, damit sie ihm von anderen Raubtieren nicht weggeschnappt wird. Mehrere Tage hintereinander kehrt er an denselben Ort zurück, um zu fressen.

Der Leopard jagt mit Vorliebe Antilopen, Gazellen, Paviane und Rinder. Theoretisch dürften die großen Raubtiere keine Konkurrenten sein, da jeder seinen bevorzugten Lebensraum und seine Lieblingsbeute hat. Trotzdem stehen sie untereinander im Wettstreit und jagen sich gegenseitig. Man hat Leoparden gesehen, die eine Gepardenleiche in einen Baum hochzogen, so wie sie es mit dem Kadaver einer Impala tun. Die Geparden wiederum jagen und fressen Schakale. Die Löwen töten und fressen

124-125 In Zeiten des Überflusses fehlt es den jungen Löwen nicht an Nahrung. Aber die einzelnen Tiere im Rudel teilen sich die Beute nach den Regeln des Stärkeren und die Männchen sättigen sich zuerst. Solange die Savanne vor Beutetieren wimmelt und jeder satt wird, sind die Streitigkeiten um die Mahlzeit kurz. Doch in der Trockenzeit wird um jeden Kadaver bitter gekämpft. Die ausgehungerten Löwenjungen kommen nicht zum Fressen und verhungern.

126 oben Nicht einmal Zeit zum Ausruhen hat der Gepard – schon nähert sich, angelockt durch dessen Beute, ein Pavian. Mit einem Gähnen, das seine Eckzähne entblößt, schüchtert er die Wildkatze ein. Der Affe rennt schreiend auf den Geparden zu und zwingt ihn, seine Mahlzeit aufzugeben.

126-127 Der Gepard hat sich angepirscht, ohne von der Impalaherde bemerkt zu werden. Sobald die Katze losspringt, flüchten die Impalas.

127 oben *Der Gepard ist das schnellste Landtier: Er erreicht Spitzengeschwindigkeiten von 110 km/h auf einigen hundert Metern.*

127 Mitte *Die Gepardenmutter hat ihren sechs Monate alten Jungen ein lebendes Gazellenbaby mitgebracht. Diese wissen noch nicht so genau, was sie damit anfangen sollen. Schließlich entscheiden sie, es spielerisch zu verfolgen. So beginnen sie, das Jagen zu erlernen.*

127 unten *Der Gepard tötet seine Beute, indem er sie erstickt.*

128 Der Leopard schleppt seine Beute an der Kehle den Baum hinauf. Er kann mit fast 100 Kilogramm im Maul klettern. Seine Pfoten sind mit einziehbaren Krallen versehen, die so hart sind, dass er die steilsten Stämme erklettern kann.

129 Um seine Beute zu orten, hilft sich der Leopard mit seinem erstaunlichen Gehör. Die Unterseite seines Körpers und die Innenseiten seiner Gliedmaßen sind mit sehr weichen Haaren bedeckt, die die Geräusche seiner Bewegungen ersticken. Alle diese Eigenschaften erlauben es ihm, sich so nahe wie möglich an eine Beute heranzuschleichen.

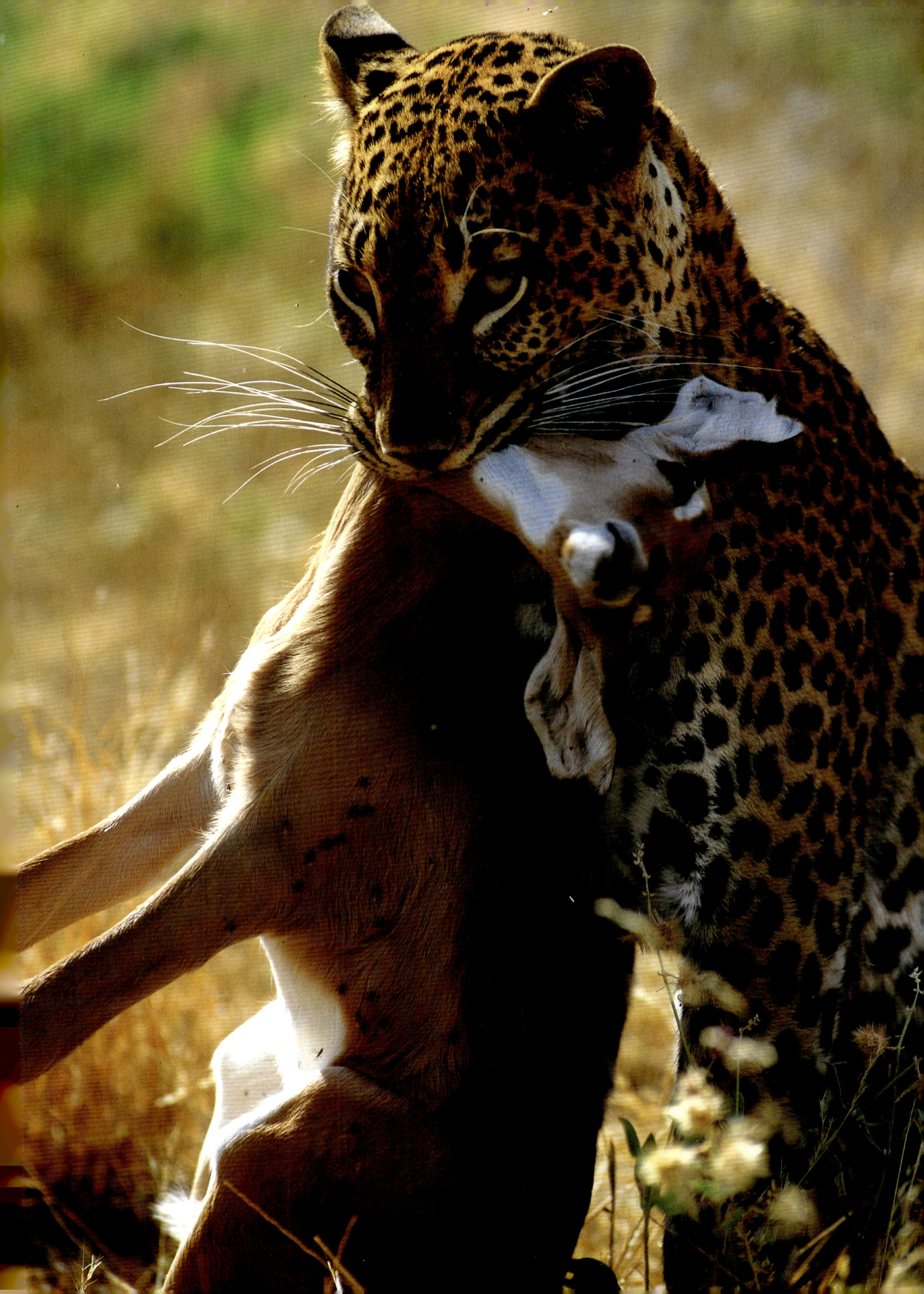

130-131 *Die Krokodile warten geduldig, dass potentielle Beutetiere sich der Wasserstelle nähern. Dann fangen, ertränken und zerstückeln sie sie, bevor sie die Tiere in einer „Vorratskammer" aufbewahren, aus der sie sich ab und zu ein Stück nehmen. Diese Reptilien richten wahre Blutbäder unter den Gnus an, die auf ihrer Wanderung den Fluss Mara durchqueren. Manche von ihnen fressen nur zu dieser Zeit.*

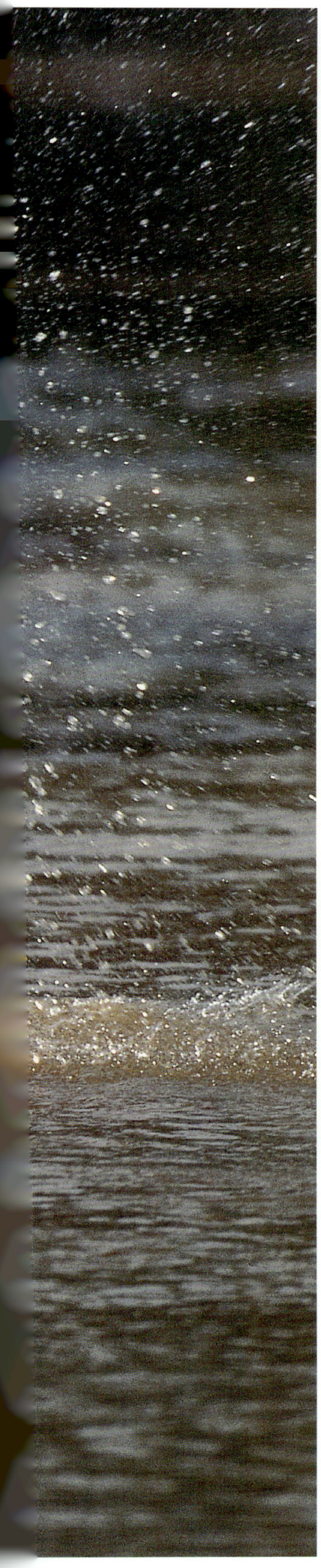

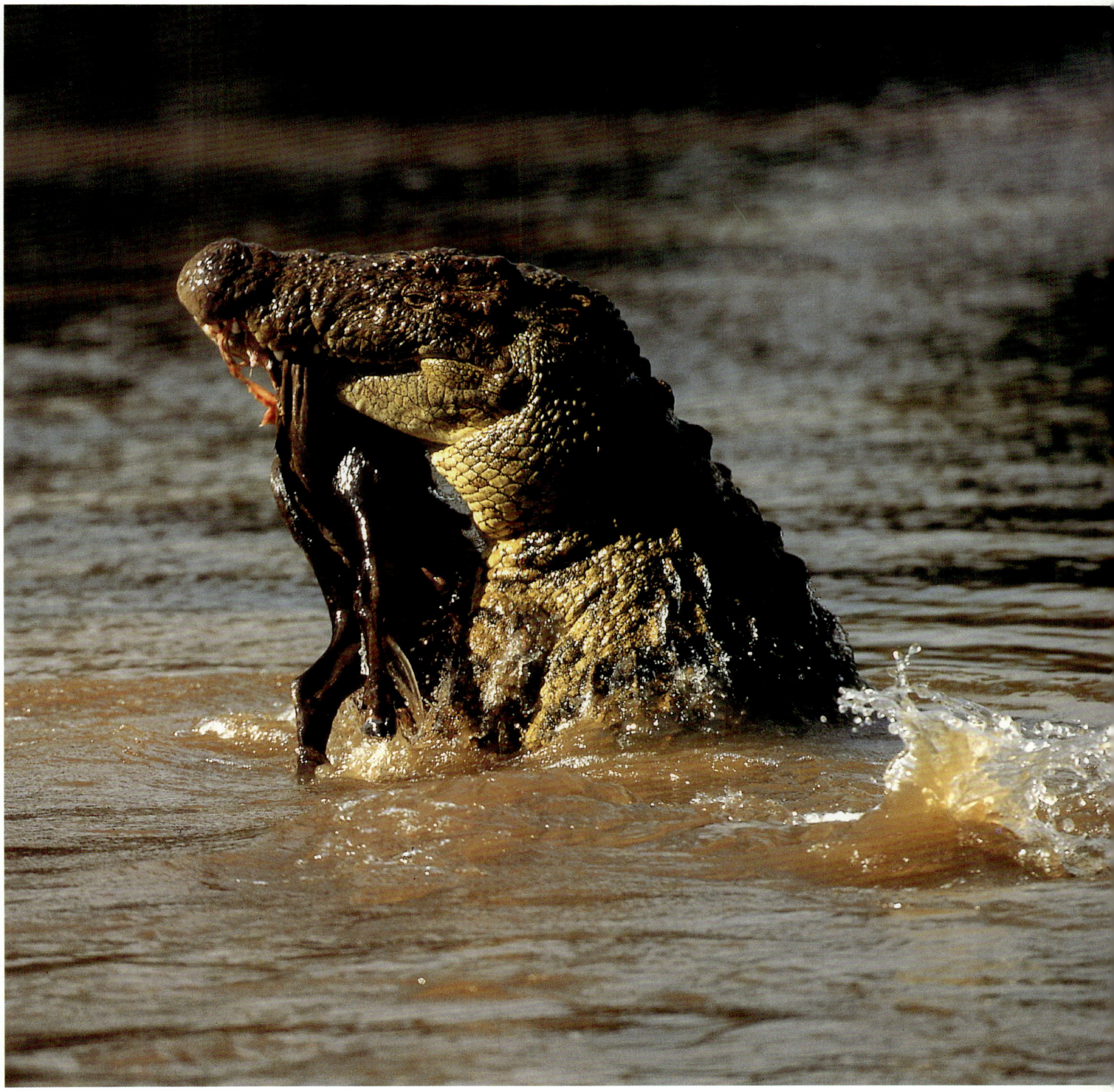

132 Der Schabrackenschakal ist nahe mit dem Haushund verwandt. Er ernährt sich von den durch große Raubtiere getöteten Beuten. Damit tritt er in Konkurrenz zum Geier. Er jagt aber auch kleine Säuger und frisst Reptilien, Insekten oder Früchte.

132-133 Die Hyänenhunde greifen dieselbe Art von Beute an wie die Fleckenhyäne, aber die Jagd der Wildhunde ist erfolgreicher. Ihre Vorgehensweise ist sehr gut aufeinander abgestimmt, während ein Rudel Hyänen ein individuelleres Verhalten zeigt.

Leoparden und Geparden; sie töten auch Hyänen und Schakale, aber verzehren sie nicht. Vor allem die Jungen aller Raubtiere sind durch andere Arten gefährdet. Lange Zeit hatte die gefleckte Hyäne den Ruf eines Aasfressers, der das Ende der Raubtiermahlzeit abwartet. Dank der Arbeiten von Hans Kruuk hat man festgestellt, dass sie in erster Linie ein Raubtier ist. Manche Gruppen töten selbst an die 90 % der Säuger, aus denen ihre Nahrung besteht. Die Hyänen jagen in der Meute, häufig nachts und sind schnell und ausdauernd. Sie können ein Tempo von 40 bis 50 km/h eine Viertelstunde lang halten. Gelingt es einer von ihnen, die Beute an der Pfote oder der Seite zu erwischen, stürzen sich die anderen auf sie und zerfetzen die zarte Haut am Bauch bis zum Sturz des Opfers. Dann werfen sich alle auf das erlegte Tier: Sie reißen große Brocken Fleisch heraus und zerbrechen Knochen ohne Schwierigkeiten. Häufig mischen sich dann die großen Raubtiere ein. Wenn sie das Japsen der Hyänen hören, drängeln sie sich vor und vertreiben sie von ihrem Festmahl. Die gefleckte Hyäne kann in sehr unterschiedlichem Umfeld leben und unter den ungünstigsten Bedingungen überleben. Die Stärke ihrer Magensäfte und die Aufnahmefähigkeit ihrer Darmwände gestatten ihr, assimilierbare Sub-

133 oben *Die Fleckenhyäne kann die härtesten Knochen zermalmen, da der Druck ihres Gebisses drei Tonnen pro Zentimeter erreicht. Die einzigen Teile, die sie an einer Beute nicht verdauen kann, sind: Hörner, Hufe, Knochenstücke und Haare, die sie als Bällchen wieder herauswürgt.*

stanzen in Knochen und Exkrementen anderer Fleischfresser zu verwerten. Auch die Hyänenhunde jagen in der Meute. Wenn sie eine Herde ausfindig gemacht haben, nähern sie sich mit gesenktem Kopf, angespanntem Hals, gesenktem Schwanz und angelegten Ohren, ohne sich zu verbergen. Auf 200 Meter herangekommen, beginnt die Verfolgungsjagd. Die Hunde stürzen in die Herde, wo sie das schwächste Tier bzw. die schwächsten Tiere auswählen und ihre Opfer dann verfolgen, indem sie eine Art Staffellauf praktizieren. Selbst wenn sie nicht so schnell sind wie ihre Beute gewinnen sie meistens dank ihrer großen Ausdauer. Eine Thomsongazelle ist in wenigen Sekunden ausgenommen. Größere Beute, wie ein Gnu, wird von mehreren Hunden am Maul ruhig gestellt, während die anderen es bei lebendigem Leib ausweiden und beginnen, es zu verschlingen. Die Hyänenhunde jagen früh am Morgen oder spät am Abend, bei Vollmond manchmal auch nachts, und sie fressen nur die Tiere, die sie selbst getötet haben. Für den Betrachter sieht ihre Tötungsmethode sehr grausam aus, aber die Hyänenhunde besitzen keine wirkungsvolle „Waffen" wie die Katzenartigen; sie haben keine langen Krallen und nicht die Möglichkeit, ihr Beute mit Fangzähnen an der Kehle zu packen, denn sie messen nur 60 cm Risthöhe.

Wenn Raubtiere wie Löwe, Hyänenhund, Hyäne oder Schakal gelegentlich auch Aas fressen, so gelten Marabus, Milane und vor allem die Geier als die „Hauptsäuberer" der Savanne. So plump diese Vögel auch am Boden sind, sie entfalten ihre ganze Pracht beim Flug: In der Luft bewegen sie sich fort, getragen von den warmen Luftmassen, die am Vormittag von der Savanne aufsteigen. So erreichen sie große Höhen, aus denen sie dank ihrer ausgezeichneten Sicht die Kadaver orten. Diese Aasfresser können sich folgenlos von zersetztem Fleisch voller Bakterien ernähren, da ihre extrem starken Magensäfte eine antiseptische Wirkung haben.

Sechs Hauptarten von Geiern existieren in Ostafrika. Der afrikanische Gänsegeier und

134 oben *Der Felsenpython ist mit 3 bis 5 Metern die größte Schlange Afrikas. Ein Python von vier Metern kann ohne Schwierigkeiten ein Beutetier von 25 Kilogramm verschlingen. Wenn er eine Beute ausgemacht hat, wirft er sich auf sie, packt sie mit seinem geöffneten Maul, wickelt sich um sie und tötet sie durch Umwinden. Er kann sein Maul bis zu einem Winkel von 130° öffnen und braucht mehrere Tage bzw. Wochen, um zu verdauen. Er kann mehr als 2 Jahre ohne Nahrung aushalten.*

134 unten *Die Pavianmännchen schätzen besonders neugeborene Thomsongazellen; deshalb lauern sie auf Geburten. Aber dieser Nahrungstyp ist nur eine Ergänzung zu ihrer sonstigen Ernährung; sie fressen alles, insbesondere Früchte, Pflanzen, Wurzeln, Insekten oder Vögel.*

134-135 *Angelockt von dem Todesschrei der Impala stürzt sich dieser Pavian auf den Leoparden und klaut ihm ohne großen Widerstand seine Beute. Nachts sind die Machtverhältnisse zwischen Affe und Katze allerdings umgekehrt; die Katze ist König.*

136

der Lappengeier sind bei weitem die zahlreichsten. Im Serengeti-Mara-Ökosystem stellen sie 80 % der an einem toten Tier anzutreffenden Vögel. Unfähig, die Haut des Kadavers zu zerschneiden, nutzen sie ihren langen Hals, um über die natürlichen Körperöffnungen ins Innere zu gelangen. Man zählt insgesamt etwa 40 000 Geier in diesen beiden Parks und sie verzehren jährlich über 12 000 Tonnen Fleisch. Von einem Menschen, der wenig isst, sagt man, er habe einen Appetit wie ein Spatz. Welch ein Irrtum! Sicher, ein kleiner Vogel nimmt an absoluter Menge wenig Nahrung zu sich. Aber, verglichen mit seiner Größe und seinem Gewicht, stellt dies eine beträchtliche Menge dar. Vögel müssen Leichtigkeit mit hohem Wirkungsgrad vereinen. Das Fliegen und ihre pausenlose Geschäftigkeit fordern eine reichliche Nahrung; außerdem ist der Erhalt einer relativ hohen und konstanten Temperatur besonders energieaufwändig. Dies gilt vor allem für die kleinen Arten, bei denen das Verhältnis aufgenommene Nahrungsmenge zu Körpergewicht verblüffend ist. Man hat ausgerechnet, dass ein Mensch täglich 65 Kilogramm Brot oder 180 Kilogramm Kartoffeln zu sich nehmen müsste, um soviel zu essen wie ein Kolibri, der kleinste unter den Vögeln.

Vögel ernähren sich unterschiedlich: Man findet Grasfresser wie die Gänse, Obstfresser wie die Papageien, die Bartvögel oder der Palmgeier, Samenfresser, Nektartrinker und auch Liebhaber von Weichtieren, Fischen und Insekten. Andere ernähren sich von Landwirbeltieren, einschließlich der Vögel selbst oder filtern Schlick wie die Flamingos. Es gibt sogar Vögel, die Werkzeuge benutzen oder Vorräte sammeln wie die Würger. Im Austausch für die Nahrung, die die Pflanze zur Verfügung stellt, erweisen ihr die Vögel beachtliche Dienste. Wie zum Beispiel die Nektar fressenden Vögel, die sich beim Trinken Kopf und Schnabel mit Pollen beladen. Diese transportieren sie und legen sie auf dem Stempel anderer Blüten ab, die dadurch befruchtet werden. Manche Vögel helfen auch bei der Verbreitung von Samen.

136-137 Der Lappengeier ist wie alle Geier ein Aasfresser, aber er ist auch ein Räuber, insbesondere von Flamingos und jungen Gazellen. Er lässt sich in der Nähe der Kadaver nieder und verjagt die anderen Geier: Er senkt den Kopf, spannt den Hals, sträubt die Rückenfedern und stürzt sich auf sie. Morgens, zu früher Stunde, sieht man selten Geier, denn sie warten darauf, dass die Sonne die Luft erwärmt, damit die aufsteigenden thermischen Strömungen entstehen, die sie zum Fliegen benötigen.

138 *Der Sekretär ist ein ganz besonderer Raubvogel. Er hat Ähnlichkeit mit den Stelzvögeln, mit denen er die langen Beine und den Hals gemeinsam hat. Er lebt vorwiegend auf der Erde und verspeist bevorzugt Schlangen.*

138-139 *Der Schmutzgeier kann mit seinem robusten und langen Schnabel einen Stein aufheben und als Werkzeug benutzen. Indem er ihn wiederholt auf ein Straußenei wirft, schafft er es, die Schale, die einige Millimeter dick ist, zu zerbrechen.*

139 oben *Die Kronenkraniche leben als Paar oder in Kleingruppen in den offenen Grasländern oder den Sümpfen. Sie fressen Samen, Insekten oder Frösche.*

139

140-141 *Der Schreiseeadler hat einen hervorstechenden Schrei. Fast immer hält er sich auf einem Ausguck am Wasserrand auf, von wo er seine Beute erspäht. Wenn er einen Fisch im Wasser sieht, nähert er sich im Gleitflug, greift ihn mit seinen Fängen auf und kehrt zu seinem Ausguck zurück. Insgesamt widmet er dem Fischen wenig Zeit. Er greift Pelikane, Reiher, Eisvögel und selbst andere Raubvögel an.*

142-143 *Vor dem Sonnenuntergang hebt sich die Silhouette der Löwin ab. Die Nacht, Königreich der Löwen, beginnt. Aber diese Gazellen haben von der Raubkatze nichts zu befürchten, denn auf offenem Feld hat sie keine Chance, eine gesunde Gazelle überraschend zu fangen.*

144 *Dieser Wurf von Geparden hat das Glück, in den Grasländern außerhalb des Masai-Mara-Wildreservates zu leben. Dort sind Hyänen und Löwen selten, denn die Massai haben viele getötet, indem sie Aas vergifteten. Auf diese Weise schützen sie ihre Herden vor großen Raubtieren. Da die Geparden nur Tiere fressen, die sie selbst getötet haben, sind sie davon nicht betroffen. Im Gegenteil, es gibt sogar mehr Jungen als gewöhnlich.*

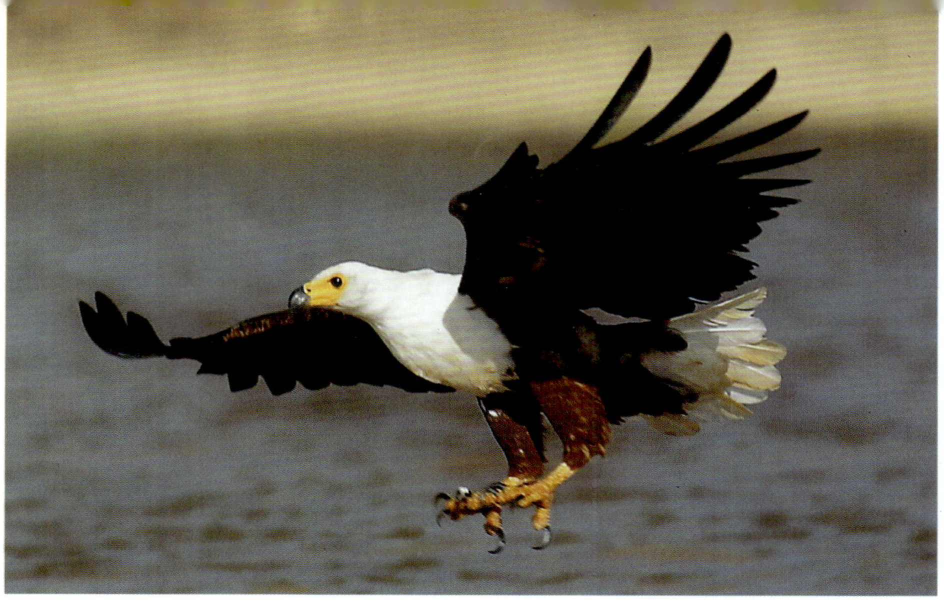

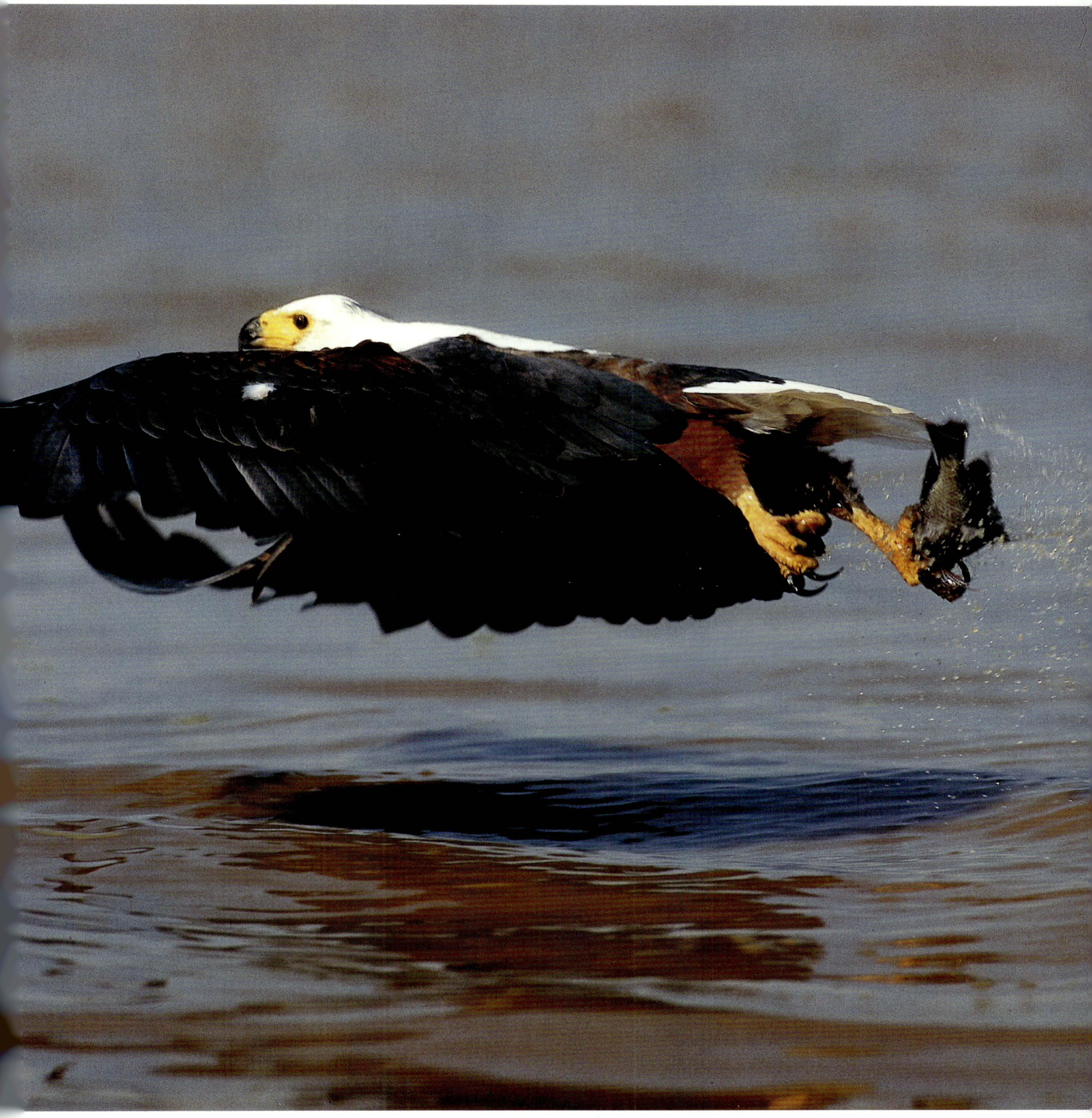

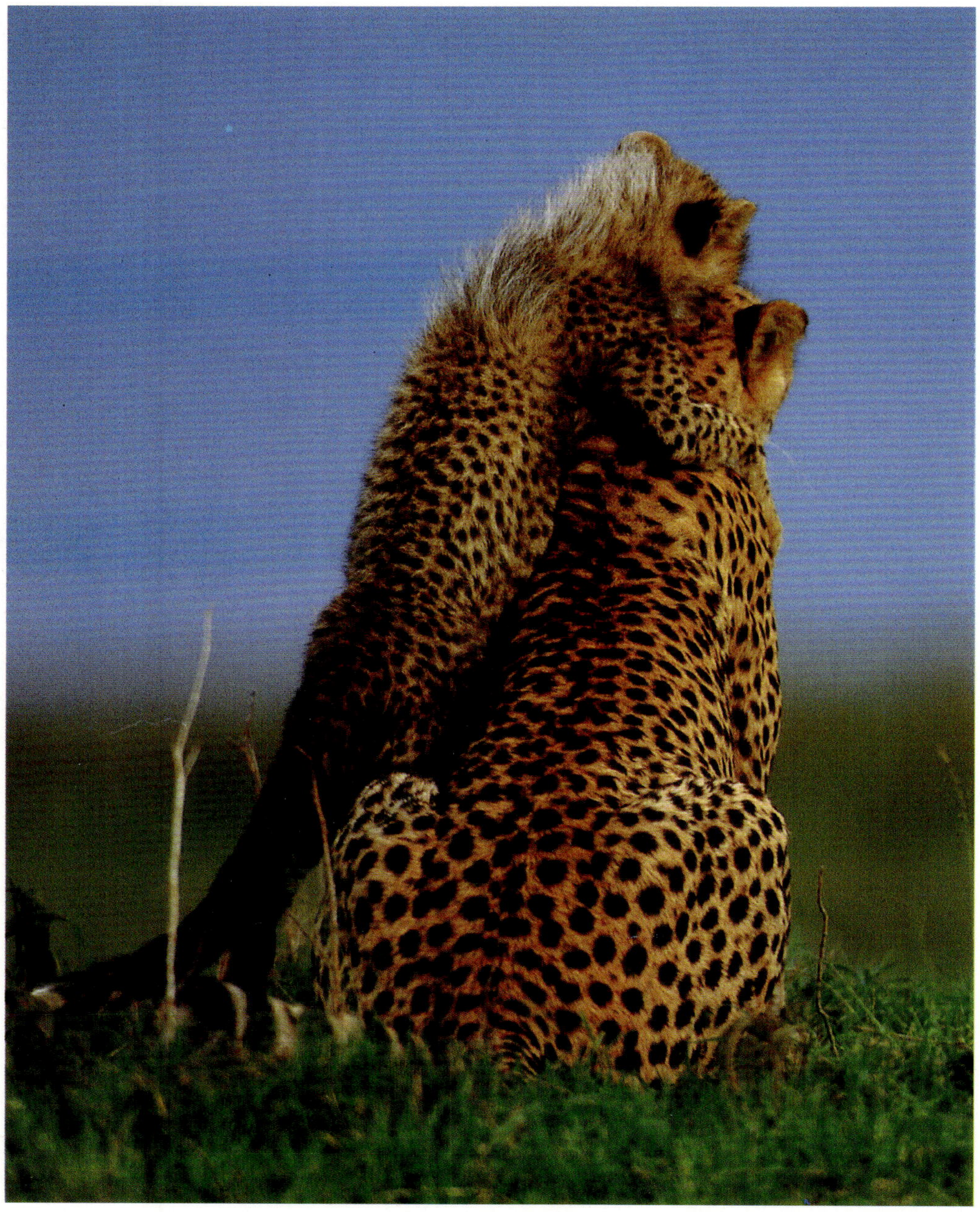